KB144039

제2판

状況別ビジネス
じょうきょうべつ

日本語会話
にほんごかいわ

상황별 비즈니스 일본어회화

오황선 저

 (주)백산출판사

머리말

 '가깝고도 먼 나라' 한일 양국은 사회구조, 경제, 문화, 정서, 사고방식 등 모든 면에서 매우 유사하기도 하고 상이하기도 합니다. 비즈니스 분야에서도 한국식, 또는 일본식 사고와 관습, 언어로 상대를 잘못 이해하거나 판단하여 업무상 과실과 손해로 이어지고 갈등을 빚게 되는 경우가 종종 있습니다.

 『상황별 비즈니스 일본어 회화』는 유통 및 호텔서비스 분야를 중심으로 비즈니스에서의 일본식 사고방식, 관습, 정서 등을 이해하여, 유통 및 호텔서비스 관련 비즈니스 현장에 걸맞은 예의 바른 언어를 구사하고 매너를 익히며 소통 능력을 향상시키는 것을 목표로 합니다.

 책의 구성은 채용면접에서부터 거래처 방문, 판매업무, 호텔 프런트업무까지 상황별로 실무 현장에서 자주 사용하는 비즈니스 회화 및 기본문형, 비즈니스 정보, 실력체크 등으로 되어있으며 유통 및 호텔서비스 관련 전문 용어, 비즈니스 상식과 매너 등을 제시합니다.

 아무쪼록 본서를 통해 일본의 비즈니스 문화와 정서를 이해하고 올바른 일본어를 구사함으로써 비즈니스상의 오해와 갈등, 실패의 초래 등을 방지하고 보다 유능한 일본어 실무자로서 활약하는 데 일조가 되기를 바랍니다.

 끝으로 출판을 허락해 주신 백산출판사 진욱상 사장님과 관계자분들께 깊은 감사를 드립니다.

著者 씀

차례

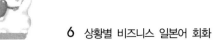

THEME

I

<ruby>入社<rt>にゅうしゃ</rt></ruby>・<ruby>事務室<rt>じむしつ</rt></ruby>で

さいようめんせつ
「採用面接」

<ruby>1<rt></rt></ruby> <ruby>採用面接<rt>さいようめんせつ</rt></ruby>

1 <ruby>会話<rt>かいわ</rt></ruby>

<ruby>面接官<rt>めんせつかん</rt></ruby>：どうぞ、お<ruby>入<rt>はい</rt></ruby>りください。（<ruby>入室<rt>にゅうしつ</rt></ruby>）

<ruby>就活生<rt>しゅうかつせい</rt></ruby>：<ruby>失礼<rt>しつれい</rt></ruby>します。グローバル<ruby>大学<rt>だいがく</rt></ruby>、<ruby>日本<rt>にほん</rt></ruby>ビジネス

<ruby>学科<rt>がっか</rt></ruby>、<ruby>韓國人<rt>ハングッイン</rt></ruby>と<ruby>申<rt>もう</rt></ruby>します。

どうぞ、よろしくお<ruby>願<rt>ねが</rt></ruby>い<ruby>致<rt>いた</rt></ruby>します。

<ruby>面接官<rt>めんせつかん</rt></ruby>：どうぞ、お<ruby>座<rt>すわ</rt></ruby>りください。

<ruby>就活生<rt>しゅうかつせい</rt></ruby>：<ruby>失礼<rt>しつれい</rt></ruby>します。

<ruby>新<rt>あたら</rt></ruby>しい<ruby>単語<rt>たんご</rt></ruby>		
<ruby>採用<rt>さいよう</rt></ruby> 채용	<ruby>面接官<rt>めんせつかん</rt></ruby> 면접관	<ruby>入室<rt>にゅうしつ</rt></ruby> 입실
<ruby>就活生<rt>しゅうかつせい</rt></ruby> 취업준비생	<ruby>座<rt>すわ</rt></ruby>る 앉다	<ruby>失礼<rt>しつれい</rt></ruby> 실례
グローバル 글로벌	ビジネス 비즈니스	<ruby>学科<rt>がっか</rt></ruby> 학과

面接官：簡単に自己PRをしてください。

就活生：はい、私は大学で日本のビジネスを専攻しており、特に流通サービスに興味を持って研究して参りました。

そして　学外ではコンビニでアルバイトを行い販売サービス活動を行ってきました。

面接官：そうですか、あなたの長所と短所は何ですか？

就活生：はい、私の長所は、「積極性」があることです。

大学やアルバイト先では指示された仕事以外にも自分ができることは何かを考えて率先して仕事を行ないました。

新しい単語

専攻 전공	流通 유통	興味 흥미	研究 연구
学外 방과 후 활동	販売 판매	コンビニ 편의점	活動 활동
長所 장점	短所 단점	積極性 적극성	率先 솔선
アルバイト先 아르바이트 근무처		仕事 일, 업무	
行なう 일하다, 행하다			

短所は、「理屈っぽい」ところです。

正論を押し付けすぎたせいで関係が悪くなってしまったメンバーがいました。

その後、仲直りはしましたが、自分の理屈っぽさを改善するために、筋道が通っているかだけでなく、相手の立場や思いに配慮して対応するように心掛けています。

面接官： なるほど。

最後に、志望動機を教えてください。

就活生： はい、御社の販売サービス業務は私が大学で

取り組んできた研究とまさに合致していて、

自分の強みを最大限、活かせると考え、志望

いたしました。

面接官： はい、わかりました。面接は以上で終りです。

お疲れ様でした。

就活生： はい、本日はありがとうございました。

失礼いたします。(退室)

新しい単語

御社 귀사	業務 업무	取り組む 몰두하다	合致 합치
強み 강점, 장점	最大限 최대한	活かせる 특성을 발휘하다, 살리다	
お疲れ様でした 수고하셨습니다		退室 퇴실	

2 基本文型<ruby>き<rt></rt></ruby>

1) お/ご~ください。 …해 주십시오.

상대의 동작을 재촉하거나 정중하게 유도할 때

- どうぞ、お座りください。

- どうぞ、こちらでお休みください。

- ご注意ください。

2) ~と申します。 …라고 합니다.

주로 첫 대면, 전화응대, 메일 등에서 사용하는 표현

「言う」의 겸양어

- 初めまして、松本潤と申します。

- 韓日商事、販売部の韓國人と申します。

- 初めてお目にかかります。私＊＊＊と申します。(自分の名前)

新しい単語

休む 쉬다	注意 주의	商事 상사
販売部 판매부	お目にかかる 뵙다	

3) 〜致します。…합니다, …드립니다.

자신이 솔선하여 행동하는 경우에 사용

「する」의 겸양어

• よろしくお願い致します。

• 出前致します。

• お知らせ致します。

4) 〜参りました。…왔습니다.

「来る」나「行く」의 겸양표현

• 日本から参りました。

• お迎えに参りました。

• 行って参りました。

新しい単語

出前 배달	知らせ 알림, 공지	迎え 마중

5) 〜ように心掛けています。

　　…도록 유의(주의)하고 있습니다.

　　• 忘れないように心掛けています。

　　• 毎日勉強するように心掛けています。

　　• 最近、早寝早起きするように心掛けています。

6) 〜様でした。…(하셨)습니다.

　　어떤 일을 공손하게 표현하는 말

　　• ご馳走様でした。

　　• お世話様でした。

　　• お粗末様でした。

新しい単語

勉強 공부	最近 최근	早寝早起き 일찍 자고 일찍 일어남
馳走 맛있는 음식, 성찬	世話 폐, 신세	粗末 변변치 않음

③ ビジネス情報(じょうほう)「採用情報(さいようじょうほう)・長所(ちょうしょ)と短所(たんしょ)」

1）仕事(しごと)の種類(しゅるい)

事務(じむ)・管理(かんり)： 総務(そうむ)・人事(じんじ)・経理(けいり)・一般事務(いっぱんじむ)・秘書(ひしょ)

販売(はんばい)・サービス：販売(はんばい)スタッフ・スーパーバイザー・バイヤー・

観光(かんこう)ガイド・ホテルスタッフ

空港旅客(くうこうりょきゃく)サービス・飛行機客室乗務員(ひこうききゃくしつじょうむいん)

専門分野(せんもんぶんや)： 翻訳(ほんやく)・通訳(つうやく)・教員(きょういん)

その他(た)： フリーランス

新(あたら)しい単語(たんご)

採用(さいよう) 채용	情報(じょうほう) 정보	種類(しゅるい) 종류	事務(じむ) 사무
管理(かんり) 관리	総務(そうむ) 총무	人事(じんじ) 인사	経理(けいり) 경리
一般(いっぱん) 일반	秘書(ひしょ) 비서	販売(はんばい)スタッフ 판매직원	
スーパーバイザー 슈퍼바이저, 감독 관리자		観光(かんこう)ガイド 관광가이드	
空港(くうこう) 공항	旅客(りょきゃく) 여객	飛行機(ひこうき) 비행기	客室(きゃくしつ) 객실
乗務員(じょうむいん) 승무원	翻訳(ほんやく) 번역	通訳(つうやく) 통역	教員(きょういん) 교원
フリーランス 프리랜서			

2）雇用形態

正社員・契約社員・派遣社員・アルバイト・パート

3）企業の採用条件

会社の求める人物像

4）福利厚生

健康保険・厚生年金保険・雇用保険・労災保険・勤務手当

新しい単語

雇用形態 고용형태	契約社員 계약사원	派遣 파견
アルバイト 아르바이트	パート 파트	人物像 인물상
待遇 대우	福利 복리	健康保険 건강보험
厚生年金 후생연금	雇用 고용	労災 산재
勤務 근무	手当 수당	

長所（ちょうしょ）	短所（たんしょ）
リーダーシップ	我（が）が強（つよ）い
コミュニケーション力（りょく）	世話焼（せわや）き
協調性（きょうちょうせい）	流（なが）されやすい
柔軟性（じゅうなんせい）	優柔不断（ゆうじゅうふだん）
調整力（ちょうせいりょく）	仕切（しき）りたがり
行動力（こうどうりょく）	計画性（けいかくせい）がない
積極性（せっきょくせい）	自己主張（じこしゅちょう）が強（つよ）い
主体性（しゅたいせい）	独断的（どくだんてき）
忍耐力（にんたいりょく）	あきらめが悪（わる）い
努力家（どりょくか）	没頭（ぼっとう）しやすい
責任感（せきにんかん）	抱（かか）え込（こ）みやすい
ポジティブ	楽観的（らっかんてき）／のんき
計画性（けいかくせい）	心配性（しんぱいせい）
几帳面（きちょうめん）	神経質（しんけいしつ）
論理的（ろんりてき）	理屈（りくつ）っぽい

実力チェック

1. **다음의 단어를 일본어로 쓰세요.**

   (한자, 후리가나 · 요미가나 포함)

   > 예) 일본어 : 日本語

   (1) 입사 :   (2) 면접 :

   (3) 전공 :   (4) 일, 업무 :

   (5) 판매 :   (6) 지망, 지원 :

2. **다음 문장을 한국어로 옮겨보세요.**

   (1) 簡単に自己PRをしてください。

   _____

   (2) あなたの長所と短所は何ですか？

   _____

(3) 志望動機を教えてください。

＿＿＿＿＿＿＿＿＿＿＿＿＿＿＿＿＿＿＿＿＿＿＿

(4) お疲れ様でした。

＿＿＿＿＿＿＿＿＿＿＿＿＿＿＿＿＿＿＿＿＿＿＿

(5) ご注意ください。

＿＿＿＿＿＿＿＿＿＿＿＿＿＿＿＿＿＿＿＿＿＿＿

3. 다음 문장을 일본어로 옮겨보세요.

(1) 처음 뵙겠습니다. (자신의 이름)라고 합니다.

＿＿＿＿＿＿＿＿＿＿＿＿＿＿＿＿＿＿＿＿＿＿＿

(2) 공지합니다. (알려드립니다.)

＿＿＿＿＿＿＿＿＿＿＿＿＿＿＿＿＿＿＿＿＿＿＿

(3) 마중 왔습니다.

----

(4) 잊지 않도록 유의하고 있습니다.

----

(5) 신세 많았습니다.

はつしゅっきん

「初出勤」

2 はつしゅっきん
初出勤

1 かい わ
会話

かちょう みな きょう はんばいぶ
課長： 皆さん、ちょっといいですか? 今日から、販売部

いっしょ はたら ハングッイン
で一緒に働くことになった韓國人さんです。

ハン かんたん じ こしょうかい
韓さん、簡単に自己紹介してください。

しんにゅうしゃいん みな
新入社員：はい。皆さん、おはようございます。このたび、

はんばいぶ はいぞく ハングッイン
販売部に配属されました韓國人と申します。

だいがく にほん せんこう
大学では日本のビジネスを専攻しておりまし

みじゅく げんざい べんきょうちゅう
たが、まだまだ未熟なため現在も勉強中です。

新しい単語

はつしゅっきん 初出勤 첫 출근	かちょう 課長 과장	いっしょ 一緒に 함께	はたら 働く 일하다
かんたん 簡単に 간단하게	じこしょうかい 自己紹介 자기소개	はんばいぶ 販売部 판매부	はいぞく 配属 배속(배치)
みじゅく 未熟 미숙	べんきょう 勉強 공부		

趣味（しゅみ）はサイクリングと旅行（りょこう）です。もし、趣味（しゅみ）が
同（おな）じ方（かた）がいらっしゃいましたら、お声（こえ）がけ下（くだ）さい。
また、仕事（しごと）の方（ほう）も一日（いちにち）でも早（はや）く、仕事（しごと）を覚（おぼ）え
られるよう努（つと）めて参（まい）ります。
どうぞ、よろしくお願（ねが）いいたします。

一同（いちどう）：　よろしくお願（ねが）いします。

課長（かちょう）：　韓（ハン）さんは、まず一週間（いっしゅうかん）ほど一般事務（いっぱんじむ）のスキルを
身（み）につけてから売（う）り場（ば）で働（はたら）くことになります。

新入社員（しんにゅうしゃいん）：　はい。かしこまりました。

新（あたら）しい単語（たんご）

趣味（しゅみ） 취미	旅行（りょこう） 여행	サイクリング 사이클링
よう ~(하)도록	覚（おぼ）える 외우다	努力（どりょく） 노력
一般事務（いっぱんじむ） 일반 사무	スキル 스킬	身（み）につける 습득하다, 배워 익히다
売（う）り場（ば） 매장	働（はたら）く 일하다	かしこまりました 잘 알겠습니다

② 基本文型

1) ～ことになる。…하게 되다.

　　자신의 의지와 상관없이 자연스럽게 정해졌을 때 사용

- 今日から、販売部で一緒に働くことになりました。

- 来週、日本へ出張することになった。

- 新型コロナのため今月は在宅勤務することになりました。

* ～こととなる。…하게 되다.

　　형평상 또는 판단의 결과 '～하기로 하다, 되다'는 뜻

- 本日をもちましてサービスを終了させていただくこととなりました。

- このたび弊社は下記に移転することとなりました。

- 当院でもオンライン診療を開始することとなりました。

新しい単語

出張 출장	新型コロナ 신형 코로나	在宅勤務 재택근무
終了 종료	弊社 폐사	下記 하기
住所 주소	移転 이전	当院 본원
診療 진료	開始 개시	

2) 〜いらっしゃいましたら、…계시다면

- お医者様（いしゃさま）がいらっしゃいましたら、名乗（なの）り出（で）てください。

- ご存知（ぞんじ）の方（かた）がいらっしゃいましたら、教（おし）えてください。

- 葉島様（はじまさま）がいらっしゃいましたら、カウンタまでお願（ねが）いします。

3) 〜(ら)れるよう(に)、…(할) 수 있도록

- 期待（きたい）に応（こた）えられるよう頑張（がんば）ります。

- 明日（あした）、笑（わら）っていられるように。

- 笑顔（えがお）でいられるように。

新（あたら）しい単語（たんご）

医者（いしゃ） 의사	名乗（なの）り出（で）る 이름을 대다	存知（ぞんじ） 알고 있음
期待（きたい） 기대	応（こた）える 응하다	頑張（がんば）る 분발하다
笑（わら）う 웃다	笑顔（えがお） 웃는 얼굴	

③ ビジネス情報「自己紹介、四つのポイント」

1) 一分を目安に「短く」「簡潔」に

ダラダラと長い自己紹介は、マイナスの印象を与えます。

2) 過剰な自己アピールはNG

自己紹介はあくまでも、「挨拶」と「次の話題のきっかけ作り」です。自分の能力や知識、意欲のアピールがあまり強すぎないように注意しましょう。

新しい単語

ポイント 포인트	目安 목표, 기준	簡潔 간결	印象 인상
与える 주다	ダラダラ 지루하게 질질 끌다, 장황하다		過剰 과잉
話題 화제	きっかけ 계기	能力 능력	知識 지식
意欲 의욕	アピール 어필		

3) 明（あか）るい表情（ひょうじょう）・大（おお）きな声（こえ）ではっきりと

明（あか）るくハキハキと話（はな）すことは　基本（きほん）です。まっすぐ相手（あいて）の顔（かお）を見（み）て、声（こえ）を前（まえ）に送（おく）るイメージで話（はな）しましょう。小（ちい）さい声（こえ）やこもった声（こえ）は　消極的（しょうきょくてき）な印象（いんしょう）を持（も）たれてしまいます。

4) 五（いつ）つの項目（こうもく）をベースに話（はな）す

自己紹介（じこしょうかい）で話（はな）す内容（ないよう）と流（なが）れを確認（かくにん）しましょう。

(1) 挨拶（あいさつ）

(2) 大学（だいがく）・学科（がっか）／職務経歴（しょくむけいれき）

(3) 大学（だいがく）や学外活動（がくがいかつどう）での学（まな）び、専門分野（せんもんぶんや）

(4) ピンポイントPR

(5) 企業（きぎょう）に対（たい）して魅力（みりょく）に感（かん）じている点（てん）など。

新（あたら）しい単語（たんご）

表情（ひょうじょう） 표정	消極的（しょうきょくてき） 소극적	ピンポイント 핀 포인트
企業（きぎょう） 기업	魅力（みりょく） 매력	ハキハキ 또박또박

実力チェック

1. 다음의 단어를 일본어로 쓰세요.

   (한자, 후리가나·요미가나 포함)

   (1) 과장(님) :   (2) 출근 :

   (3) 매장 :   (4) 일반 사무 :

   (5) 취미 :   (6) 담당 :

2. 다음 문장을 한국어로 옮겨보세요.

   (1) 簡単に自己紹介してください。

   ――――――――――――――――――――

   (2) 販売部に配属されました韓國人と申します。

   ――――――――――――――――――――

(3) 趣味が同じ方がいらっしゃいましたら、お声がけ下さい。

————————————————————

(4) 仕事の方も一日でも早く、仕事を覚えられるよう努めて参ります。

————————————————————

(5) 一般事務のスキルを身につけてから売り場で働くことになります。

————————————————————

3. 다음 문장을 일본어로 옮겨보세요.

(1) 오늘부터 판매부에서 함께 일하게 되었습니다.

————————————————————

(2) 아시는 분 있으시면 알려주세요.

————————————————————

(3) 기대에 부응할 수 있도록 분발하겠습니다.

_____

(4) 이번에 당사는 아래(주소)로 이전하게 되었습니다.

_____

(5) 웃는 얼굴로 있을 수 있도록.

_____

でんわ おうたい
「電話応対」

3 でんわ おうたい
　　電話応対

1 かいわ「取り次ぐ」

しゃいん
社員：　お電話ありがとうございます。韓日商事でございます。

こきゃく
顧客：　お世話になっております。佐島物産の安倍と申します。

　　　　恐れ入りますが、浮田課長はいらっしゃいま

　　　　すでしょうか？

しゃいん
社員：　佐島物産の安倍様。いつもお世話になって

　　　　おります。課長の浮田でございますね？

　　　　おつなぎしますので少々お待ち下さい。

新しい単語

電話応対 전화응대	商事 상사	取り次ぐ 연결시키다, 전하다
顧客 고객	物産 물산	お世話になる 신세를 지다
恐れ入る 송구(죄송)하다		つなぐ 연결하다

2 会話「留守」

社員： お電話ありがとうございます。韓日商事でございます。

顧客： お世話になっております。

スガ貿易会社の門沙羅と申します。

恐れ入りますが、浮田課長はいらっしゃいます

でしょうか？

社員： スガ貿易会社の門沙羅様でいらっしゃいますね？

いつもお世話になっております。

申し訳ありませんが、浮田はただいま席を外

しております。

戻り次第こちらからお電話いたしましょうか？

新しい単語

留守 부재중	貿易会社 무역회사	席を外す 자리를 비우다
戻る (자리로) 돌아오다	次第 ~대로	

顧客: はい、お願いします。

社員: 念のためお電話番号をお願いいたします。

顧客: はい、03の300の1000です。

社員: はい、確認させていただきます。

03の300の1000ですね。お伝えしておきます。

顧客: よろしくお願いします。

社員: ありがとうございます。

---

3 基本文型（きほんぶんけい）

1) ～でございます。…① 입니다. ② 있습니다.

   ① ～です를 더욱 정중하게 말할 때

     • 私（わたし）が小島（おじま）でございます。

     • 保証期間（ほしょうきかん）は六ヶ月（ろっかげつ）でございます。

     • こちらの商品（しょうひん）は三万円（さんまんえん）でございます。

   ② 「ございます」 단독으로 쓰일 때는 「ある」의 의미

     • 紙（かみ）がございます。＝紙（かみ）があります。

     • 車（くるま）はございません。＝車（くるま）はありません。

     • お金（かね）ならございます。＝お金（かね）ならあります。

     • A：時計（とけい）ありますか？

       B：はい、ございます。

新（あたら）しい単語（たんご）		
保証期間（ほしょうきかん） 보증기간	商品（しょうひん） 상품	時計（とけい） 시계
紙（かみ） 종이	車（くるま） 자동차	

2) お世話になります。…신세를 지다. 폐를 끼치다.

상대에게 '비즈니스 관계를 이어주셔서 감사합니다'라는 감사의 뜻이 담긴 말

• 本日よりお世話になりますので、よろしくお願いします。

• こちらこそお世話になります。

• 在職中はお世話になりまして、ありがとうございます。

3) ～させていただきます。…하겠습니다.

상대나 제 3자의 허가를 받아 행할 때의 패턴

• 検討させていただきます。

• スケジュールを確認させていただきます。

• 本日はこれで終了させていただきます。

4 ビジネス情報 「呼称」

1）役職呼称

自分の会社	他社・取引先
弊社の小島・うちの小島	小島社長
弊社の梶間・うちの梶間	梶間部長
弊社の浮田・うちの浮田	浮田課長

2）会社・学校の呼称

	自分の会社	他社・取引先
会社	弊社・当社・わが社	貴社・御社
学校	本校・当校	貴校・御校
大学	本学	貴学・御学

新しい単語

呼称 호칭	役職 임직원 관리직	他社 타사
取引先 거래처	弊社 폐사	当社 당사
貴社・御社 귀사	本校・当校 본교	本学 본 대학

自分（じぶん） ………… 私・私（わたし・わたし）

相手（あいて） ………… ○○さま、○○さん、お客様（きゃくさま）

上司（じょうし） ………… ○○課長（かちょう）、○○部長（ぶちょう）

同僚（どうりょう） ………… ○○さん。

＊注意（ちゅうい）：上司（じょうし）（役職名（やくしょくめい））は、それ自体（じたい）が敬称（けいしょう）なので、役職名（やくしょくめい）の後（あと）には「さん」はつけない。

新（あたら）しい単語（たんご）

相手（あいて） 상대	上司（じょうし） 상사	同僚（どうりょう） 동료	注意（ちゅうい） 주의
敬称（けいしょう） 경칭	役職名（やくしょくめい） 직함		

実力チェック

1. 다음의 단어를 일본어로 쓰세요.

(한자, 후리가나·요미가나 포함)

(1) 연결시키다 :   (2) 부재중 :

(3) 호칭 :   (4) 직함 :

(5) 전화응대 :   (6) 상사 :

2. 다음 문장을 한국어로 옮겨보세요.

(1) いつもお世話になっております。

\- -

(2) 席を外しております。

\- -

(3) おつなぎしますので少々お待ち下さい。

----

(4) 戻り次第こちらからお電話いたしましょうか？

----

(5) 確認させていただきます。

----

3. 다음 문장을 일본어로 옮겨보세요.

(1) 저야말로 신세지고 있습니다.

----

(2) 보증기간은 6개월입니다.

----

(3) 오늘은 이것으로 종료하겠습니다.

    ----

(4) 검토하겠습니다.

    ----

(5) 전해 드리겠습니다.

THEME

II

とりひきさきほうもん
取引先訪問

「案内デスク」

① 案内デスク

① 会話」

案内: いらっしゃいませ。

訪客: あのう、すみません、営業部はどう行ったら
いいんですか?

案内: 営業部ですか?

エレベーターで7階へお上がり下さい。

エレベーターを降りて右前方へ進むと、営業部
の受付が見えます。

新しい単語

案内 안내	デスク 데스크	訪客 방문객	営業部 영업부
降りる 내리다	右 오른쪽	前方 전방	受付 접수처

訪客： 7階ですか? エレベーターを降りて右前方へ進む。

案内： はい、そうです。

訪客： どうも、ありがとうございます。

ああ、あと、お手洗いはどこですか？

案内： お手洗いは、この廊下をずっと行った突き当たりにあります。

訪客： この廊下をずっと行った突き当たり、ご親切にどうも。

案内： 恐れ入ります。

新しい単語

お手洗い 화장실 　廊下 복도 　 突き当たり 막다른 곳

親切 친절

② 基本文型

1) ~行ったら、…가면

　가정형 'たら'=아직 일어나지 않은 일을 가정할 때

- どこに行ったらいいですか？

- 何を持って行ったらいいですか？

- 会社に行ったら分かります。

2) ~進むと、…가면, 나아가면, 진행하면

- 左に進むと、フロントがあります。

- これ以上進むと、引き返せないよ。

- 今後この件はどう進むと思いますか？

新しい単語		
フロント 프런트	引き返す 되돌아가다	件 건

❸ ビジネス情報「接客8大用語」

1）いらっしゃいませ。

お客様に対して最初にかける言葉であり、相手を歓迎していることを伝える用語。

2）ありがとうございます。

「ご来店いただきましてありがとうございます」など、お客様の行動に対しても使われることがあるので、自然と口に出せるように練習しておきましょう。

お帰りになるお客様に対しては、「ありがとうございました」と伝え、気持ちをこめてお辞儀をしましょう。

新しい単語

接客 접객	お客様 손님	言葉 말	歓迎 환영
用語 용어	来店 내점	自然 자연	練習 연습
気持ち 마음	お辞儀 절함, 인사함		

3) 恐れ入ります。

「ありがとう」の意味を伝えるパターンと、こちらが恐縮して

いることを伝える2つのケースがあります。

お客様に何か頼み事をするときにも使われる用語。

4) かしこまりました。

お客様の要望を受けた際に、承諾したことを伝える言葉。

接客時は「わかりました」や「了解です」といった ライトな口調

はさけて、「かしこまりました」を使うことを意識しましょう。

新しい単語		
意味 의미	恐縮 죄송스럽게 여김	頼み事 부탁
要望 요망	際 때　承諾 승낙	了解 양해
口調 어조	意識 의식	

5）申し訳ございません。

お客様に迷惑をかけた場合、必ず使うべき用語。

接客時の謝罪には、「すみません」や「ごめんなさい」は不適切

となります。はっきりと「申し訳ございません」と声に出し、

丁寧な謝罪を行うようにしましょう。

6）少々お待ち下さい。

接客中にその場をはなれる必要がある場合や、相手に何かを

頼まれたりしたときに使われる用語。

新しい単語

迷惑 폐, 성가심　　謝罪 사죄　　　不適切 부적절　　　丁寧 정중함

7）お待たせ致しました。

　　お客様を待たせた後の言葉になるので、笑顔に　プラスしてお

　　辞儀をするのがポイント。

　　長く待たせる結果となった場合には、「大変お待たせいたし

　　ました」と、謝罪の意味を込めることも　必要となります。

8）失礼致します。

　　お客様に声をかけたり、行動をさえぎったりする時に使われます。

　　必要以上にかしこまらなくても大丈夫です。

実力チェック

1. 다음의 단어를 일본어로 쓰세요.

(한자, 후리가나·요미가나 포함)

(1) 영업부 :　　　　　　　　(2) 화장실 :

(3) 복도 :　　　　　　　　(4) 막다른 곳 :

(5) 접객 :　　　　　　　　(6) 부탁 :

2. 다음 문장을 한국어로 옮겨보세요.

(1) 営業部はどう行ったらいいんですか？

　----------------------------------

(2) エレベーターを降りて右前方へ進むと、営業部の受付が見えます。

（3）お手洗いはこの廊下をずっと行った突き当たりにあります。

（4）何を持って行ったらよいですか？

（5）これ以上進むと引き返せないよ。

----

3. 다음 문장을 일본어로 옮겨보세요.

（1）어서 오세요.

（2）실례합니다.

----

(3) 오래 기다리셨습니다.

_____

(4) 대단히 죄송합니다.

_____

(5) 송구합니다.(감사합니다.)

_____

しょたいめん
「初対面」

2 初対面（しょたいめん）

1 会話（かいわ）「受付（うけつけ）で」

受付（うけつけ）: いらっしゃいませ。

訪客（ほうきゃく）: こんにちは。

韓日商事販売部（かんにちしょうじはんばいぶ）の韓國人（ハングッイン）と申（もう）します。

営業部（えいぎょうぶ）の方（かた）と本日（ほんじつ）2時（じ）のお約束（やくそく）で参（まい）りました。

受付（うけつけ）: はい、韓日商事販売部（かんにちしょうじはんばいぶ）の韓國人様（ハングッインさま）。

今（いま）しばらくお待（ま）ちくださいませ。

・・・・・・・・・

お待（ま）たせ致（いた）しました。どうぞこちらへ。

新（あたら）しい単語（たんご）

| 初対面（しょたいめん） 첫 대면 | 受付（うけつけ） 접수(처), 안내 | 約束（やくそく） 약속 |

2 会話^{かいわ}「応接室^{おうせつしつ}で」

取引先^{とりひきさき}： はじめまして。

私^{わたし}は加位祖物産^{かいそぶっさん}、営業部^{えいぎょうぶ}の小島^{おじま}と申^{もう}します。

（名刺^{めいし}を渡^{わた}す）

訪客^{ほうきゃく}： 営業部^{えいぎょうぶ}の小島課長^{おじまかちょう}。

はじめまして。韓日商事販売部^{かんにちしょうじはんばいぶ}の韓國人^{ハングッイン}と申^{もう}します。

いつもお世話^{せわ}になっております。（名刺^{めいし}を渡^{わた}す）

取引先^{とりひきさき}： 韓日商事販売部^{かんにちしょうじはんばいぶ}の韓國人様^{ハングッインさま}。

こちらこそお世話^{せわ}になっております。

今後^{こんご}、御社^{おんしゃ}を担当^{たんとう}させていただきます。

どうぞよろしくお願^{ねが}い致^{いた}します。

新^{あたら}しい単語^{たんご}

取引先^{とりひきさき} 거래처	応接室^{おうせつしつ} 응접실	名刺^{めいし} 명함
渡^{わた}す 건네다	担当^{たんとう} 담당	

訪客： こちらこそどうぞよろしくお願いいたします。

私は本日、新製品の打ち合わせに参りました。

取引先： そうですか。

会議室へご案内いたします。

どうぞこちらへ。

訪客： はい、ありがとうございます。

新しい単語

新製品 신제품　打ち合わせ 협의, 미팅　会議室 회의실　案内 안내

③ 基本文型(きほんぶんけい)

1) ～打(う)ち合(あ)わせ。…협의, 미리 상의함, 미팅

　방법·준비·일자 등에 대해서 미리 상담할 때의 표현

- 今日(きょう)の打(う)ち合(あ)わせはここまでにしましょう。

- 打(う)ち合(あ)わせの予約(よやく)、まだ間(ま)に合(あ)います。

- 打(う)ち合(あ)わせの進(すす)め方(かた)を説明(せつめい)していきます。

2) ～ご案内(あんない)いたします。…안내해 드리겠습니다.

- 後程(のちほど)、会議(かいぎ)の時間(じかん)と会場(かいじょう)をご案内(あんない)いたします。

- 出口(でぐち)までご案内(あんない)いたしますので、こちらで少々(しょうしょう)お待(ま)ちください。

- 只今(ただいま)より会場(かいじょう)へご案内(あんない)いたします。

新(あたら)しい単語(たんご)

予約(よやく) 예약	間(ま)に合(あ)う 맞게 가다, 충분하다	進(すす)め方(かた) 진행 방법
説明(せつめい) 설명	後程(のちほど) 나중에	会場(かいじょう) 회장
出口(でぐち) 출구	只今(ただいま)より 지금부터	

④ ビジネス情報「規則的な敬語表現」

丁寧語 ていねいご	尊敬語 そんけいご	謙譲語 けんじょうご
話します はな	お話しになります はな 話されます はな	お話しします はな お話しいたします はな お話し申し上げます はな　もう　あ
読みます よ	お読みになります よ 読まれます よ	お読みします よ お読みいたします よ お読み申し上げます よ
待ちます ま	お待ちになります ま 待たれます ま	お待ちします ま お待ちいたします ま お待ち申し上げます ま
訪ねます たず	お訪ねになります たず 訪ねられます たず	お訪ねします たず お訪ねいたします たず お訪ね申し上げます たず
連絡します れんらく	ご連絡になります れんらく 連絡されます れんらく	ご連絡します れんらく ご連絡いたします れんらく ご連絡申し上げます れんらく
案内します あんない	ご案内になります あんない 案内されます あんない	ご案内します あんない ご案内いたします あんない ご案内申し上げます あんない

実力チェック

1. **다음의 단어를 일본어로 쓰세요.**

   (한자, 후리가나·요미가나 포함)

   (1) 거래처 :　　　　　　　　(2) 접수처 :

   (3) 명함 :　　　　　　　　　(4) 담당 :

   (5) 협의 :　　　　　　　　　(6) 회의실 :

2. **다음 문장을 한국어로 옮겨보세요.**

   (1) お訪ねになります。

   　――――――――――――――――――――――

   (2) 今しばらく、お待ちくださいませ。

   　――――――――――――――――――――――

(3) お待たせ致しました。どうぞこちらへ。

＿＿＿＿＿＿＿＿＿＿＿＿＿＿＿＿＿＿＿＿＿＿＿＿

(4) 出口までご案内いたしますので、こちらで少々お待ちください。

＿＿＿＿＿＿＿＿＿＿＿＿＿＿＿＿＿＿＿＿＿＿＿＿

(5) ご連絡申し上げます。

＿＿＿＿＿＿＿＿＿＿＿＿＿＿＿＿＿＿＿＿＿＿＿＿

3. 다음 문장을 일본어로 옮겨보세요.

(1) 오늘 2시에 약속이 있어 왔습니다.

＿＿＿＿＿＿＿＿＿＿＿＿＿＿＿＿＿＿＿＿＿＿＿＿

(2) 오늘 미팅은 여기까지만 하죠.

＿＿＿＿＿＿＿＿＿＿＿＿＿＿＿＿＿＿＿＿＿＿＿＿

(3) 그럼, 지금부터 회의장으로 안내하겠습니다.

＿＿＿＿＿＿＿＿＿＿＿＿＿＿＿＿＿＿＿＿

(4) 앞으로 귀사를 담당하겠습니다.

＿＿＿＿＿＿＿＿＿＿＿＿＿＿＿＿＿＿＿＿

(5) 미팅 예약 아직 늦지 않았습니다.

＿＿＿＿＿＿＿＿＿＿＿＿＿＿＿＿＿＿＿＿

SCENE

3

せいひんしょうかい
「製品紹介」

③ 製品紹介
せいひんしょうかい

① 会話
かいわ

訪客(ほうきゃく)：この度(たび)、当社(とうしゃ)では、新製品(しんせいひん)を発売(はつばい)することと

なりました。

詳細(しょうさい)はこちらをご覧(らん)ください。

そこで、まずは皆様(みなさま)に新製品(しんせいひん)について、ご意見(いけん)

をお伺(うかが)いしたいのですが。

取引先(とりひきさき)：新製品(しんせいひん)の特徴(とくちょう)はなんですか?

訪客(ほうきゃく)：はい、今回(こんかい)の新製品(しんせいひん)の特徴(とくちょう)は軽(かる)いということです。

新しい単語(あたらしいたんご)

度(たび) 때, 번, 적	発売(はつばい) 발매	詳細(しょうさい) 상세	意見(いけん) 의견
伺う(うかがう) 듣다, 묻다	特徴(とくちょう) 특징		

取引先： なるほど。素材は何ですか？

訪客： 新素材を採用しているので、伸縮性と通気性に優れています。こちらがサンプルです。

取引先： 肌触りもよく、快適でいいですね。

しかし、デザインを変える必要がありますね。デザインに未来的なイメージを与えた方がいいと思いますが。

訪客： はい、貴重なご意見、誠にありがとうございます。参考とさせていただきます。

新しい単語

なるほど 과연, 일리 있다	素材 소재	採用 채용	伸縮性 신축성
通気性 통기성	優れる 뛰어나다, 우수하다		快適 쾌적함
肌触り 촉감, 감촉	未来的 미래적		貴重 귀중
誠に 참으로, 정말	参考 참고		

2 基本文型

1) ~お伺いしたいのです。…여쭤보고(찾아뵙고) 싶습니다.

고객, 또는 손윗사람을 방문하고 싶을 때 또는 상대방의 상황을
알고 싶을 때 사용

- お伺いしたいのですが、お時間よろしいでしょうか?

- 3時にお伺いしたいのですが、ご都合いかがでしょうか?

- 日程をお伺いしたいのですが、よろしいでしょうか?

2) ~ということです。…(는) 것입니다.

전문, 배경, 의도 등을 말할 때, 특히 사물을 객관적으로 보여줄
때 사용

- 注目して見ているということです。

- 少しずつそうなったということです。

- 何事も経験が必要だということです。

新しい単語

| 都合 형편, 사정 | 注目 주목 | 経験 경험 | 必要 필요 |

3 ビジネス情報（じょうほう）「仕事上（しごとじょう）の言葉遣（ことばづか）いの基本（きほん）」

1) 依頼（いらい）する時（とき）

- 恐（おそ）れ入（い）りますがお名前（なまえ）を教（おし）えていただけますか？

- お手数（てすう）ですがよろしくお願（ねが）いいたします。

- お願（ねが）いできますでしょうか？

2) 同意（どうい）する時（とき）

- はい、かしこまりました。

- 承知（しょうち）いたしました。

3) ことわる時（とき）

- お断（ことわ）り申（もう）し上（あ）げます。

- ご遠慮（えんりょ）申（もう）し上（あ）げます。

新（あたら）しい単語（たんご）

言葉遣（ことばづか）い 말씨, 말투	依頼（いらい） 의뢰	手数（てすう） 수고, 폐
断（ことわ）り 거절	遠慮（えんりょ） 사양	

4) 謝罪する時

- 申し訳ございません。

- 失礼いたしました。

- ご迷惑をおかけいたしました。

5) お礼を述べる時

- ありがとうございます。

- 恐れ入ります。

6) お見送りの時

- お気をつけてお帰りください。

- またどうぞお越し下さいませ。

- これからもどうぞお立ちより下さい。

新しい単語

謝罪 사죄	迷惑 폐, 귀찮음	見送り 배웅	越す 넘어가다

立ちよる 들르다

実力チェック

1. 다음의 단어를 일본어로 쓰세요.

(한자, 후리가나·요미가나 포함)

(1) 견본 :　　　　　　　(2) 소재 :

(3) 신축성 :　　　　　　(4) 통기성 :

(5) 촉감 :　　　　　　　(6) 형편, 사정 :

2. 다음 문장을 한국어로 옮겨보세요.

(1) ご意見をお伺いしたいのですが。

― ― ― ― ― ― ― ― ― ― ― ― ― ― ― ― ― ―

(2) 今回の新製品の特徴は軽いということです。

― ― ― ― ― ― ― ― ― ― ― ― ― ― ― ― ― ―

（3）肌触りもよく、快適でいいですね。

_____

（4）貴重なご意見、誠にありがとうございます。

_____

（5）お伺いしたいのですが、お時間よろしいでしょうか？

_____

3. 다음 문장을 일본어로 옮겨보세요.

（1）수고스럽지만 잘 부탁드립니다.

_____

（2）사양하겠습니다.

_____

(3) 폐를 끼쳤습니다.

_____

(4) 조심히 들어가세요.

_____

(5) 또 오십시오.

_____

THEME

III

うば
売り場で

「商品のお問い合わせ」

① 商品のお問い合わせ

① 会話「商品がある時」

職員： いらっしゃいませ。何かお探しでしょうか?

顧客： ちょっとそのお土産セット、見せてもらえますか?

職員： こちらでよろしいでしょうか?

顧客： ええ、それです。

職員： はい、どうぞ。

新しい単語

商品 상품	お問い合わせ 문의	探す 찾다
お土産 특산품		

2 会話「商品がない時」

職員: いらっしゃいませ。何かお探しでしょうか?

顧客: イニスフリーのミネラルパウダー、ありますか?

職員: 申し訳ございません。

イニスフリーのミネラルパウダーはただいま

切らしております。

お取り寄せいたしましょうか?

顧客: そうですか? 今日しか時間がないから、結構です。

職員: そうですか。

お役に立てなくて申し訳ございません。

新しい単語

切らす 품절, 떨어지다　　取り寄せる (주문하여) 가져오다

結構 좋음, 충분하다　　役に立つ 쓸모가 있다, 도움이 되다

3 基本文型

1) ～見せてもらえますか？ …보여 주실 수 있나요?

상대에게 무엇인가 허가를 구할 때의 패턴

• メニューを見せてもらえますか?

• よろしければ見せてもらえますか?

• サンプルを見せてもらえますか?

2) ～よろしいでしょうか？ …괜찮겠습니까?

…해도 되겠습니까?

허락을 받거나 확인할 때 사용

• お時間いただいてもよろしいでしょうか?

• お名前を伺ってもよろしいでしょうか?

• こちらの資料でよろしいでしょうか?

新しい単語

メニュー 메뉴　　サンプル 샘플　　伺う 물어보다, 듣다　　資料 자료

3) ～切（き）らしております。 …다 떨어졌습니다.

물건을 소지하고 있지 않은 상태를 겸손하게 표현할 때

- ただいま在庫（ざいこ）を切（き）らしております。

- 千円札（せんえんさつ）を切（き）らしております。

- あいにく名刺（めいし）を切（き）らしておりますので、後日（ごじつ）お渡（わた）しいたします。

4) ～申（もう）し訳（わけ）ございません。 …대단히 죄송합니다.

미안한 마음에 변명의 여지가 없음을 강조하며 정중하게 사과
할 때 사용하는 표현

- ご迷惑（めいわく）をおかけし、誠（まこと）に申（もう）し訳（わけ）ございません。

- お手数（てすう）をおかけして申（もう）し訳（わけ）ございません。

- 遅刻（ちこく）してしまい、申（もう）し訳（わけ）ございません。

4 ビジネス情報「あらたまった表現」

意味	普通の表現	あらたまった表現
오늘	今日	本日
어제	昨日	昨日
내일	明日	明日・明日
올해	今年	本年
지금	いま	ただいま
지난번에, 일전에	このあいだ	先日
아까, 조금 전	さっき	先程
나중에	あとで	後程
이쪽, 여기	こっち （そっち、あっち）	こちら （そちら、あちら）
어디, 어느 쪽	どっち・どこ・どれ	どちら
누구	だれ	どなた・どちら様
정말로, 참으로	ほんとうに	誠に
몹시, 매우, 대단히	すごく	大変

実力^{じつりょく}チェック

1. 다음의 단어를 일본어로 쓰세요.

(한자, 후리가나·요미가나 포함)

(1) 문의 : (2) 특산품 :

(3) 주문하다 : (4) 도움이 되다 :

(5) 자료 : (6) 재고 :

2. 다음 문장을 한국어로 옮겨보세요.

(1) 何^{なに}かお探^{さが}しでしょうか?

――――――――――――――――――――――

(2) ただいま切^きらしております。

――――――――――――――――――――――

(3) お取り寄せいたしましょうか?

_____

(4) お役に立てなくて申し訳ございません。

_____

(5) ご迷惑をおかけし、誠に申し訳ございません。

_____

3. 다음 문장을 일본어로 옮겨보세요.

(1) 번거롭게 해서 죄송합니다.

_____

(2) 천 엔짜리 지폐가 떨어졌습니다.

_____

(3) 시간 내주실 수 있으세요?

＿＿＿＿＿＿＿＿＿＿＿＿＿＿＿＿＿＿＿＿＿＿＿＿＿＿

(4) 괜찮으시다면 보여 주시겠어요?

＿＿＿＿＿＿＿＿＿＿＿＿＿＿＿＿＿＿＿＿＿＿＿＿＿＿

(5) 지각해서 죄송합니다.

＿＿＿＿＿＿＿＿＿＿＿＿＿＿＿＿＿＿＿＿＿＿＿＿＿＿

「支払い方法」

しはら　　　ほうほう

2 支払(しはら)い方法(ほうほう)

1 会話(かいわ)

職員(しょくいん)： いらっしゃいませ。何(なに)かお探(さが)しでしょうか?

顧客(こきゃく)： ショルダーバックを買(か)いたいんですが。

職員(しょくいん)： ご自分(じぶん)で使(つか)われますか?

顧客(こきゃく)： はい、そうです。

職員(しょくいん)： こちらのミニバッグはいかがですか?
今年(ことし)、流行(りゅうこう)しているスタイルでございます。

新(あたら)しい単語(たんご)		
現金(げんきん) 현금	支払(しはら)う 지불하다	ショルダーバック 숄더백
自分(じぶん) 본인	流行(りゅうこう) 유행	

顧客： かわいいですね。色は何色がありますか?

職員： ブラック、ブラウン、レッド、紺色などがあります。

顧客： ブラックの方がいいですね。材質は何ですか?

職員： このバッグは牛革ですので、とても丈夫です。

顧客： なるほど。じゃあ、それ、お願いします。

おいくらですか?

職員： ありがとうございます。12,000円でございます。

お支払いはどうなさいますか?

顧客： ああ、カードで。

新しい単語

ブラック 블랙	ブラウン 브라운	レッド 레드	紺色 감색
材質 재질	牛革 소가죽		

職員：　分割払いになさいますか？

　　　　３回までは無利息ですが。

顧客：　いや、一括払いにしてください。

職員：　かしこまりました。少々お待ち下さいませ。

　　　　………

　　　　お待たせしました。カードをお返しします。

　　　　金額をご確認の上、サインをお願いします。

顧客：　はい、確かに。どうも。

職員：　こちらはレシートと商品でございます。

　　　　ありがとうございました。

　　　　またどうぞお越し下さいませ。

新しい単語

分割払い 할부	無利息 무이자	一括払い 일시불	金額 금액
確認 확인	サイン 사인	レシート 영수증	

2 基本文型<ruby>き ほんぶんけい<rt></rt></ruby>

1) 〜どうなさいますか? …어떻게 하시겠습니까?

　상대방의 판단을 구하거나 희망을 듣고 싶을 때 사용

　「どうしますか」의 경어표현

　• お飲<ruby>の<rt></rt></ruby>み物<ruby>もの<rt></rt></ruby>はどうなさいますか?

　• この後<ruby>あと<rt></rt></ruby>、どうなさいますか。

　• 包装<ruby>ほうそう<rt></rt></ruby>はどうなさいますか?

2) 〜ご確認<ruby>かくにん<rt></rt></ruby>の上<ruby>うえ<rt></rt></ruby> …확인하신 후

　「○○을 잘 확인하고 ＊＊해 주세요」라는 의미

　• 賞味期間<ruby>しょうみ き かん<rt></rt></ruby>をご確認<ruby>かくにん<rt></rt></ruby>の上<ruby>うえ<rt></rt></ruby>、ご注文下<ruby>ちゅうもんくだ<rt></rt></ruby>さい。

　• 契約内容<ruby>けいやくないよう<rt></rt></ruby>をよくご確認<ruby>かくにん<rt></rt></ruby>の上<ruby>うえ<rt></rt></ruby>、ご署名下<ruby>しょめいくだ<rt></rt></ruby>さい。

　• 品物<ruby>しなもの<rt></rt></ruby>の内容<ruby>ないよう<rt></rt></ruby>と数量<ruby>すうりょう<rt></rt></ruby>をご確認<ruby>かくにん<rt></rt></ruby>の上<ruby>うえ<rt></rt></ruby>、サインをお願<ruby>ねが<rt></rt></ruby>いします。

新<ruby>あたら<rt></rt></ruby>しい単語<ruby>たん ご<rt></rt></ruby>

飲<ruby>の<rt></rt></ruby>み物<ruby>もの<rt></rt></ruby> 음료	包装<ruby>ほうそう<rt></rt></ruby> 포장	賞味期間<ruby>しょうみ き かん<rt></rt></ruby> 유통기간	注文<ruby>ちゅうもん<rt></rt></ruby> 주문
契約内容<ruby>けいやくないよう<rt></rt></ruby> 계약 내용	署名<ruby>しょめい<rt></rt></ruby> 서명	品物<ruby>しなもの<rt></rt></ruby> 물품	数量<ruby>すうりょう<rt></rt></ruby> 수량

3) ～お越しください(ませ)。…오세요.

「来る」의 존경표현 「来てください」라고 경의를 담아
말하는 표현

• タイムセールを実施しますので、是非当店へお越しください。

• 本日はお忙しい中、お越しくださいましてありがとうござ
います。

• お気をつけてお越しください。

新しい単語

タイムセール 타임세일	実施 실시	是非 꼭　当店 당점, 이 가게
本日 오늘	忙しい 바쁘다	気をつける 조심하다, 주의하다

3 ビジネス情報「会話の基本」

1) 聞き取りやすい

　　はっきりした発音、適度な早さ。

2) わやかりやすい

　　相手が理解できる言葉。専門用語や略語は控え目に。

3) 相手の反応に合わせる

　　理解の度合いを確認。質問や内容を繰り返す。

4) 穏やかな表情

　　話し方と調和した表情。

新しい単語

聞き取り 듣기, 청취	発音 발음	適度 적당한, 알맞은	理解 이해
専門用語 전문용어	略語 약어	控え目 사양, 조심스러운	
反応 반응	合わせる 맞추다	繰り返す 반복하다	度合い 정도
穏やかだ 온화하다	話し方 말투	調和 조화	表情 표정

5) 正しい言葉遣い

　　適切な敬語・謙譲語を使う。

　　仲間言葉や流行語は避ける。

6) 好感が持てる態度

　　折り目正しさ、さわやかさ。

7) 本音での話

　　事実・本心をありのままに。脚色・作為はしない。

8) 多用な話題性

　　内容の充実した話題。自慢話はしない。

新しい単語

敬語 경어	謙譲語 겸양어	使う 사용하다	仲間 동료
流行語 유행어	避ける 피하다	好感 호감	態度 태도
折り目 구분, 단락	さわやかさ 상쾌함		本音 본음
本心 본심	ありのまま 있는 그대로		脚色 각색
作為 조작함, 꾸밈	多用 다용, 많이 씀		話題性 화제성
充実 충실	自慢話 자랑		

実力チェック

1. 다음의 단어를 일본어로 쓰세요.

(한자, 후리가나·요미가나 포함)

(1) 할부 :   (2) 지불 :

(3) 유행 :   (4) 재질 :

(5) 영수증 :   (6) 일시불 :

2. 다음 문장을 한국어로 옮겨보세요.

(1) ご自分で使われますか?

－－－－－－－－－－－－－－－－－－－－－－－－－－－

(2) このバッグは牛革ですので、とても丈夫です。

－－－－－－－－－－－－－－－－－－－－－－－－－－－

(3) お支払いはどうなさいますか?

_____

(4) 分割払いになさいますか？３回までは無利息ですが。

_____

(5) 包装はどうなさいますか?

_____

3. 다음 문장을 일본어로 옮겨보세요.

(1) 이 미니백은 어떠세요?

_____

(2) 일시불로 해 주세요.

_____

(3) 유통기간을 확인하시고 주문해 주세요.

――――――――――――――――――――――――――

(4) 음료는 어떻게 하시겠습니까?

――――――――――――――――――――――――――

(5) 오늘은 바쁘신 와중에 와주셔서 감사합니다.

――――――――――――――――――――――――――

めんぜい　てつづ

「免税手続き」

③ 免税手続き
めんぜい てつづ

1 会話
かいわ

しょくいん
職員： いらっしゃいませ。

こきゃく　めんぜい　　　　ねが
顧客： 免税をお願いしたいんですが。

しょくいん　　　　か　あ　　　　　　しょうひん　　　りょうしゅうしょ
職員： はい、お買い上げの商品と領収書、それから

きゃくさま　　　　　　　　　　　　ていじ　　ひつよう
お客様のパスポートの提示が必要です。

こきゃく　　　　しょうひん　りょうしゅうしょ
顧客： はい、商品と領収書、パスポートです。

しょくいん　　　　しょうしょう　ま　くだ
職員： はい、少々お待ち下さい。

………

新しい単語		
めんぜい 免税 면세	か　あ 買い上げ 수매, 산 물건	りょうしゅうしょ 領収書 영수증
パスポート 여권	ていじ 提示 제시	ひつよう 必要 필요

職員： 大変、お待たせしました。

合計が16,200円ですので、消費税1,620円を現金

でお返しいたします。

顧客： はい、どうも。

職員： ここにサインをお願いします。

顧客： わかりました。

はい、どうぞ。

職員： はい、こちら、1,620円とパスポート、お買い上

げの商品でございます。

パスポートに貼られた紙は出国時税関に

お渡しください。

顧客： はい、わかりました。ありがとうございます。

職員： どうも、ありがとうございました。

新しい単語

貼る 붙이다　　　紙 종이　　　出国 출국　　　税関 세관

渡す 제출하다, 건네다

2 基本文型

1) ~提示が必要です。 …제시가 필요합니다.

- 購入時に運転免許証の提示が必要です。

- 児童手当等の手続きにマイナンバー（個人番号）の提示が
必要です。

- チェックインの時に身分証明書の提示が必要です。

2) ~お渡しください。 …주세요. 건네주세요.

- こちらのデータをお渡しください。

- こちらをフロントまでお渡しください。

- こちらの書類を、入国審査官にお渡しください。

新しい単語

購入時 구입 시	運転免許書 운전면허증	児童手当 아동수당
手続き 수속, 절차	個人番号 개인번호	身分証明書 신분증명서
書類 서류	入国審査官 입국심사관	

③ ビジネス情報「免税店」

1)「保税免税店－DUTY FREE SHOP」は、空港で 見かけることが多いです。

それに比べ、百貨店や商店街に掲げられている 免税店という表記は、すべて「TAX FREE SHOP」と書いてあります。

「DUTY FREE」は、外国製品を日本に輸入する際に課せられる関税を免除することを指します。

そのため、たばこ税、酒税、関税といった税金もここに含まれることとなります。

新しい単語

保税免税店 보세면세점	空港 공항	比べる 비교하다	百貨店 백화점
商店街 상점가	掲げる 내걸다	表記 표기	外国 외국
輸入 수입	際 때	課す 과하다	関税 관세
免除 면제	指す 가리키다	たばこ税 담배세	
酒税 주세			

2)「消費税免税店—TAX FREE」は、日本国内で消費されるもの
に課される税金を免除することを指します。

つまり、日本国内で消費せずに国外に持ち帰る　ことができ
るもの全てが免税対象です。

実力_{じつりょく}チェック

1. 다음의 단어를 일본어로 쓰세요.

(한자, 후리가나·요미가나 포함)

(1) 면세 :

(2) 영수증 :

(3) 여권 :

(4) 소비세 :

(5) 출국 :

(6) 세관 :

2. 다음 문장을 한국어로 옮겨보세요.

(1) 免税_{めんぜい}をお願_{ねが}いしたいんですが。

－－－－－－－－－－－－－－－－－－－－－－－－－－－－－

(2) お買_かい上_あげの商品_{しょうひん}と領収書_{りょうしゅうしょ}、それからお客様_{きゃくさま}のパスポートの提示_{ていじ}が必要_{ひつよう}です。

－－－－－－－－－－－－－－－－－－－－－－－－－－－－－

(3) 消費税1,620円を現金でお返しいたします。

_____

(4) ここにサインをお願いします。

_____

(5) パスポートに貼られた紙は出国時税関にお渡しください。

_____

3. 다음 문장을 일본어로 옮겨보세요.

(1) 상품과 영수증, 여권입니다.

_____

(2) 오래 기다리셨습니다.

_____

(3) 구입 시 운전면허증을 제시해야 합니다.

_____

(4) 이것을 프런트 데스크에 전달해 주십시오.

_____

(5) 체크인 시 신분증 제시가 필요합니다.

_____

THEME

IV

ホテルフロントで

しゅくはく　よやく
「宿泊予約」

1 宿泊予約
しゅくはく よやく

1 会話
かいわ

フロント： お電話ありがとうございます。
でんわ

国際ホテルでございます。
こくさい

顧客： こんにちは、宿泊の予約をしたいのですが。
こきゃく しゅくはく よやく

フロント： かしこまりました。

お客様のお名前と人数、日程を教えてください。
きゃくさま なまえ にんずう にってい おし

顧客： はい、私の名前は韓國人です。
こきゃく わたし なまえ ハングッイン

人数は2名で、10月16日から3泊です。
にんずう にめい じゅうがつじゅうろくにち きんぱく

新しい単語
あたら たんご

宿泊 숙박	予約 예약	国際 국제
人数 인수	日程 일정	

フロント：はい、２名様で、10月16日から3泊。

お部屋タイプのご希望はございますか？

顧客 ： ツインルームをお願いします。

フロント：かしこまりました。確認いたします。

少々お待ちください。

・・・・・

お待たせしました。

ツインルーム一室、ご用意できます。

顧客 ： 宿泊料金はおいくらですか？

フロント：ツインルーム1泊、２名様、１室の料金は、

税・サービス料込みで15,000円でございます。

顧客 ： はい、お願いします。

フロント：ありがとうございます。

韓國人様、ご連絡先を教えていただけますか？

新しい単語

確認 확인　　　ツインルーム 투인 룸　　　料金 요금

サービス料 서비스료　　　連絡先 연락처

顧客 : はい、携帯番号080-1234-5678です。

フロント: はい、携帯番号080-1234-5678。

ありがとうございます。

朝食付きのプランもございますが、いかがなさ

いますか？

顧客 : 素泊まりで結構です。ちなみに朝食はいくらですか?

フロント: 朝食はお一人様、2,500円になります。

もし、ご希望でしたら、チェックインの際にプ

ランを朝食付きに変更されることも可能です。

顧客 : わかりました。あと、禁煙ルームをお願いします。

フロント: かしこまりました。ご用意させていただきます。

顧客 : どうも。

フロント: では、当日お待ちしております。

新しい単語

携帯番号 휴대전화번호	朝食付き 조식포함	プラン 플랜	素泊まり 숙박
ちなみ 이와 관련해서	変更 변경	禁煙 금연	用意 준비

2 基本文型

1) いかがなさいますか？…어떻게 하시겠습니까?

　　상대방이 무엇을 할지를 물어볼 때 사용. ＝どうされますか？

　• ステーキの焼き加減はいかがなさいますか？

　• 注文はいかがなさいますか？

　• お客様、コースはいかがなさいますか？

2) お待ちしております…기다리고 있겠습니다.

　　「待っている」의 겸양표현.

　• ご連絡お待ちしております。

　• ご来店お待ちしております。

　• お返事をお待ちしております。

新しい単語

焼き加減 굽기 정도	注文 주문	連絡 연락
来店 내점	返事 답장	

❸ ビジネス情報 「ホテルの職種と仕事内容」

宿泊部門	料飲部門	宴会部門	管理·営業部門	調理部門
フロント	レセプツョニスト	宴会豫約	広報	ツエフ
バルアテンダント	ウエイター/ウエイトレス	宴会サービス	施設管理	ブッチヤー
ドアアテンダント	ルームサービス	クローク	人事	ベーカリー
コソツエルヅユ	バーテソダー		セールス	ペストリー
ルウスキーピソグ			企画(プラソニソグ)	ガテアソヅヤー

新しい単語

職種 직종　　部門 부문　　料飲 음료　　宴会 연회　　管理·営業 관리 경영

調理 조리

◆ 宿泊部門

1) フロント

主としてホテルの根幹ともいえる客室販売と、宿泊客の接遇を担当します。

フロントでは大きく分けて以下の4つの業務を行います。

(1) お客様のチェックイン、チェックアウトの手続き

(2) 宿泊予約

(3) 情報提供（お客様対応）

(4) 会計

2) ベルアテンダント (Bell Attendant)

お客様の荷物の運搬が主な役割です。

新しい単語

広報 홍보	施設 시설	人事 인사	企画 기획	根幹 근간
客室 객실	販売 판매	接遇 응대	業務 업무	手続き 절차, 수속
情報 정보	提供 제공	会計 회계	荷物 짐	運搬 운반
役割 역할	アテンダント 어텐던트			

3）ドアアテンダント

お客様を安全かつ、スムーズに館内へとご案内する役割です。

4）コンシェルジュ

お客様のあらゆるリクエストに対して、最大限希望を叶える

のがコンシェルジュの仕事です。

5）ハウスキーピング

客室の清掃・管理を担当します。

◆ 料飲部門

ホテル内のレストランでの接客や、客室内で食事が楽しめる

ルームサービスを担当します。

1）レセプショニスト

レストランの入口で予約の受付やご案内、会計を行います。

2）ウェイター/ウエイトレス

新しい単語		
安全 안전	館内 관내	コンシェルジュ 접객책임자
最大限 최대한	希望 희망	ハウスキーピング 객실관리
清掃 청소	接客 접객	入口 입구　　受付 접수처

3）ルームサービス

4）バーテンダー

◆ 宴会部門

宴会や結婚式などのサービスや予約手配を担当します。

1）宴会予約

2）宴会サービス

3）クローク

お客様の手荷物やコートを、一時的に預かる仕事です。

新しい単語

結婚式 결혼식　手配 준비, 절차　手荷物 수화물

クローク(cloakroom) 외투나 소지품 맡는 곳　預かる 보관하다

◆ 管理・営業部門

人事、総務、経理など裏側からサポートする管理部門と、宴会や宿泊の販売、広告活動などを行う営業部門に分かれています。

1) 広報

2) 施設管理

3) 人事

4) セールス

5) 企画（プランニング）

新しい単語

人事 인사	総務 총무	経理 경리	裏側 뒤쪽, 이면
販売 판매	広告 광고	活動 활동	

◆ 調理部門

ホテル内のレストランの調理場でお客様に提供する料理を作ります。

1) シェフ

2) ブッチャー

ホテルで提供する肉料理の内容に合わせて下処理やカットを行います。

3) ベーカリー

お客様に提供する自家製パンを作ります。

4) ペストリー

お客様に提供するデザート類を作ります。

5) ガテマンジャー

お客様に提供する冷製の料理を作ります。

新しい単語

提供 제공	シェフ 셰프, 주방장	ブッチャー 정육담당	下処理 예비조리
ベーカリー 베이커리	自家製 수제	ペストリー 페이스트리(밀가루반죽)	
ガテマンジャー 가테만져	冷製 냉제(조리한 후 식혀서 내놓는 서양 요리)		

実力チェック

1. 다음의 단어를 일본어로 쓰세요.

(한자, 후리가나·요미가나 포함)

(1) 숙박 :   (2) 예약 :

(3) 전화 :   (4) 이름 :

(5) 인원수 :   (6) 일정 :

2. 다음 문장을 한국어로 옮겨보세요.

(1) お客様のお名前と人数、日程を教えてください。

----

(2) お部屋タイプのご希望はございますか？

（3）ツインルーム一室、ご用意できます。

＿＿＿＿＿＿＿＿＿＿＿＿＿＿＿＿＿＿＿＿＿＿

（4）ご連絡先を教えていただけますか？

＿＿＿＿＿＿＿＿＿＿＿＿＿＿＿＿＿＿＿＿＿＿

（5）朝食付きのプランもございますが、いかがなさいますか？

＿＿＿＿＿＿＿＿＿＿＿＿＿＿＿＿＿＿＿＿＿＿

3. 다음 문장을 일본어로 옮겨보세요.

（1）트윈 룸으로 부탁합니다.

＿＿＿＿＿＿＿＿＿＿＿＿＿＿＿＿＿＿＿＿＿＿

（2）아침 식사 포함으로 변경하시는 것도 가능합니다.

＿＿＿＿＿＿＿＿＿＿＿＿＿＿＿＿＿＿＿＿＿＿

(3) 그러면 당일 기다리고 있겠습니다.

_____

(4) 주문은 어떻게 하시겠습니까?

_____

(5) 연락 기다리고 있겠습니다.

_____

「チェックイン」

② チェックイン

① 会話(かいわ)

フロント：いらっしゃいませ。

顧客(こきゃく)　：こんにちは。チェックイン、お願(ねが)いします。

フロント：こんにちは。
　　　　　ご予約(よやく)のお名前(なまえ)を教(おし)えていただけますか?

顧客(こきゃく)　：はい、韓國人(ハングッイン)です。

フロント：韓國人様(ハングッインさま)、本日(ほんじつ)から3泊(さんぱく)、ツインルームの禁煙(きんえん)
　　　　　室(しつ)でよろしいでしょうか。

顧客(こきゃく)　：はい、そうです。

新(あたら)しい単語(たんご)

チェックイン 체크인	ツインルーム 트윈 룸	禁煙室(きんえんしつ) 금연실

フロント：パスポートを確認させてください。

顧客　：はい、どうぞ。

フロント：こちら宿泊カードにご記入お願いします。

顧客　：はい。

フロント：こちらが鍵です。

　　　　お客様のお部屋は1723号室です。

顧客　：はい、どうも。

フロント：ベルマンがお部屋へご案内させいただきます。

　　　　お荷物はお部屋までお持ちいたします。

顧客　：はい、ありがとう。

フロント：ごゆっくりどうぞ。

新しい単語

宿泊カード 숙박카드	記入 기입	鍵 열쇠
部屋 객실	荷物 짐	

② 基本文型

1) ～いただけますか? …～주실 수 있나요? 주시겠습니까?

「もらう」의 겸양어 「いただく」에 정중한 표현인 「ます」와 의문의 종조사 「か」가 붙은 표현

- 鍵をお返しいただけますか?

- ご指導いただけますか?

- お問い合わせいただけますか?

2) ごゆっくり。…편하게 여유롭게 ～하세요. 라고 말할 때 사용

- ごゆっくりお休みください。

- ごゆっくりお過ごしください。

- ごゆっくりお楽しみください。

新しい単語

指導 지도	問い合わ 문의	休み 쉬다, 자다
過ごし 지내다, 시간을 보내다		楽しみ 즐기다

3 ビジネス情報「重要敬語表現」

丁寧語	尊敬語	謙譲語
います	いらっしゃいます おいでになります	おります
行きます	いらっしゃいます おいでになります	まいります
来ます	いらっしゃいます おいでになります	まいります
あります	おありになります おありです	ございます
言います	おっしゃいます	（私は＊＊と）申します （意見を）申し上げます
見ます	ご覧になります	拝見します
食べます 飲みます	召し上がります	いただきます
知っています	ご存じです	存じております 知っております
思います	お思いになります	存じます
します	なさいます	いたします
会います	お会いになります	お会いします お目にかかります

持ちます	お持ちになります	お持ちします
聞きます	お聞きになります	お聞きします 伺います
くれます	くださいます	
着ます	お召しになります	
寝ます	お休みになります	
あげます		差し上げます
もらいます		いただきます
訪ねます 尋ねます		うかがいます

<ruby>実力<rt>じつりょく</rt></ruby>チェック

1. 다음의 단어를 일본어로 쓰세요.

(한자, 후리가나·요미가나 포함)

(1) 금연실 :   (2) 기입 :

(3) 열쇠 :   (4) 짐 :

(5) 지도 :   (6) 문의 :

2. 다음 문장을 한국어로 옮겨보세요.

(1) ごゆっくりお<ruby>楽<rt>たの</rt></ruby>しみください。

_ _

(2) ご<ruby>指導<rt>しどう</rt></ruby>いただけますか？

_ _

(3) お荷物はお部屋までお持ちいたします。

　　　——————————————————————

(4) こちら宿泊カードにご記入お願いします。

　　　——————————————————————

(5) ご予約のお名前を教えていただけますか?

　　　——————————————————————

3. 다음 문장을 일본어로 옮겨보세요.

(1) 체크인 부탁합니다.

　　　——————————————————————

(2) 열쇠를 돌려주시겠어요?

　　　——————————————————————

(3) 문의해주실 수 있나요?

----

(4) 편안한 시간 보내시길 바랍니다. (편히 지내시기 바랍니다.)

----

(5) 여권을 확인하겠습니다.

「チェックアウト」

③ チェックアウト

① 会話

フロント：おはようございます。

顧客　：おはよう。チェックアウト、お願いします。

フロント：かしこまりました。鍵をお返しいただけますか?

顧客　：はい、どうぞ。

フロント：1723号室の韓國人様ですね。

顧客　：はい、そうです。

新しい単語

チェックアウト 체크아웃	返す 돌려주다

フロント：宿泊料とルームサービス料金、合せて、52,000円

　　　　　でございます。お支払いはどうなさいますか?

顧客　：ああ、カードで。

フロント：カードをお預かりいたします。

　　　　　少々お待ち下さいませ。

　　　　　………

　　　　　お待たせいたしました。カードをお返しします。

　　　　　金額をご確認の上、サインをお願いします。

顧客　：はい、確かに。どうも。

　　　　　ちょっと荷物を預かってもらえますか?

フロント：はい、可能です。こちら、引換券をお持ちください。

顧客　：はい、どうも。あと、空港行きのシャトルバス

　　　　　は利用できますか?

新しい単語

ルームサービス 룸서비스	預かる 맡다, 보관하다	金額 금액
引換券 교환권	空港行き 공항행	シャトルバス 셔틀버스

フロント：はい。可能^{かのう}です。

当^{とう}ホテルから空港行^{くうこうゆ}きのバスが、無料^{むりょう}で一時^{いちじ}間^{かん}に一本出^{いっぽんで}ておりますが利用^{りよう}されますか？

顧客^{こきゃく} ： はい、お願^{ねが}いします。時刻表^{じこくひょう}はありますか？

フロント：こちらでございます。発車時刻^{はっしゃじこく}の五分前^{ごふんまえ}には、いらっしゃるようにお願^{ねが}いします。

顧客^{こきゃく} ： はい、わかりました。どうも。

新^{あたら}しい単語^{たんご}

無料^{むりょう} 무료	時刻表^{じこくひょう} 시간표	発車時刻^{はっしゃじこく} 출발시간

2 基本文型
（き ほんぶんけい）

1) お預かりいたします。…받았습니다. 맡아 드리겠습니다.
（あず）

물건을 맡다, 전언을 받다, 돈을 받다 등 무언가를 일시적으로
맡아 두는 경우의 존댓말 표현

- お荷物はこちらでお預かりいたします。
（にもつ）（あず）

- 1万円お預かりいたしましたのでお釣り2千円お返しします。
（まんえん）（あず）（つ）（せんえん）（かえ）

- メッセージをお預かりいたします。
（あず）

2) ～されますか？…하시겠습니까?
「する」의 존경어. 상대방의 행동에 대해 쓰는 말

- 連絡されますか？
（れんらく）

- 運転されますか？
（うんてん）

- 説明されますか？
（せつめい）

新しい単語
（あたら）（たんご）

お釣り 잔돈 （つ）	メッセージ 메시지	連絡 연락 （れんらく）
運転 운전 （うんてん）	説明 설명 （せつめい）	

③ ビジネス情報「ホテルで働く必須スキル」

1）ホスピタリティ

「ホスピタリティ」とは、「基本マナー」「気くばり」「心くばり」

から成り立つ。

2）コミュニケーション能力

3）語学力

4）観察力

5）体力

6）瞬発力

7）臨機応変に対応できる力

新しい単語

ホスピタリティ 호스피탤리티, 환대	気くばり 배려	心くばり 배려, 마음씀씀이
能力 능력	語学力 어학력	観察力 관찰력　体力 체력
瞬発力 순발력	臨機応変 임기응변	対応 대응

8）タイムマネジメントスキル

ホテルは24時間稼働しているので、何時までに どの業務

をこなすのか「タイムマネジメントスキル」も必要。

9）プレゼン力

お客様に商品の魅力をうまく伝えられるスキル。

10）提案力

代替案を用意すること。

新しい単語

| 稼働 가동 | 業務 업무 | 必要 필요 | 魅力 매력 |
| 提案力 제안력 | 代替案 대체안 | 用意 준비 | |

実力チェック

1. 다음의 단어를 일본어로 쓰세요.

(한자, 후리가나·요미가나 포함)

(1) 금액 :　　　　　　　(2) 교환권 :

(3) 공항 :　　　　　　　(4) 무료 :

(5) 연락 :　　　　　　　(6) 운전 :

2. 다음 문장을 한국어로 옮겨보세요.

(1) 1万円お預かりいたしましたのでお釣り2千円お返しします。

　　　　－－－－－－－－－－－－－－－－－－－－－－－－－－－－－－－－

(2) 発車時刻の五分前には、いらっしゃるようにお願いします。

　　　　－－－－－－－－－－－－－－－－－－－－－－－－－－－－－－－－

（3）ちょっと荷物を預かってもらえますか？

（4）金額をご確認の上、サインをお願いします。

（5）当ホテルから空港行きのバスが、無料で一時間に

一本出ておりますが利用されますか？

----

3. 다음 문장을 일본어로 옮겨보세요.

（1）설명하시겠습니까？

（2）짐은 이쪽에서 보관해 드리겠습니다.

----

(3) 여기 교환권 지참해주세요.

‒‒‒‒‒‒‒‒‒‒‒‒‒‒‒‒‒‒‒‒‒‒‒‒‒‒‒‒‒‒‒‒‒‒‒

(4) 메시지를 남겨드리겠습니다.

‒‒‒‒‒‒‒‒‒‒‒‒‒‒‒‒‒‒‒‒‒‒‒‒‒‒‒‒‒‒‒‒‒‒‒

(5) 카드를 받았습니다.

‒‒‒‒‒‒‒‒‒‒‒‒‒‒‒‒‒‒‒‒‒‒‒‒‒‒‒‒‒‒‒‒‒‒‒

스크립트 및
실력체크 정답

 스크립트

I 입사 · 사무실에서

SCENE 1 「채용면접」

 회화

면접관 : 네, 들어오세요. (입실)

취준생 : 실례합니다.
글로벌대학, 일본비즈니스학과 한국인이라고 합니다.
잘 부탁드립니다.

면접관 : 네, 자리에 앉으세요.

취준생 : 실례합니다.

면접관 : 간단하게 본인 PR을 해 주세요.

취준생 : 네, 저는 대학에서 일본의 비즈니스를 전공하고 있으며
특히 유통서비스에 흥미를 갖고 연구해 왔습니다.
그리고 방과 후에는 편의점 아르바이트에서 판매 서비스
활동을 해왔습니다.

면접관 : 그렇습니까? 당신의 장점과 단점은 무엇입니까?

취준생 : 네, 저의 장점은 적극적인 것입니다. 대학이나 아르바이
트하는 곳에서 지시받은 일 이외에도 자신이 할 수 있는
일은 무엇인가를 생각하며 솔선하여 일했습니다.

저의 단점은 이치만 내세우는 점입니다. 너무 이치만을 따지는 바람에 관계가 나빠진 동료가 있었습니다.
　　　　　그 후 화해는 했지만 저의 이치만 내세우는 점을 개선하기 위해 사리에 맞는지 뿐만 아니라, 상대방의 입장이나 생각을 배려하여 대응하도록 유의하고 있습니다.

면접관 : 그렇군요. 마지막으로 지원한 동기는 뭔가요?

취준생 : 네, 귀사의 판매 서비스 업무는 제가 대학에서 임한 연구와 일치하여 저의 장점을 최대한 살릴 수 있다고 생각하여 지원했습니다.

면접관 : 네, 알겠습니다. 면접은 이상입니다. 수고 많았습니다.

취준생 : 네, 오늘 정말 감사합니다. 실례합니다.(퇴실)

◈ 기본문형

1) お〜ください。…해 주십시오.
   • 네, (어서, 자, 자리에) 앉으세요.
   • 네, 여기서 쉬세요.
   • 주의(조심)하세요.

2) 〜と申します。…라고 합니다.
   • 처음 뵙겠습니다. 마츠모토 쥰이라고 합니다.
   • 한일상사 판매부의 한국인이라고 합니다.
   • 처음 뵙겠습니다. 저는 ***라고 합니다.

3) 〜いたします。…합니다, …드립니다.
   • 잘 부탁드립니다.
   • 배달해드립니다.
   • 알려드리겠습니다.

4) 〜参りました。…왔습니다.
   • 일본에서 왔습니다.
   • 마중 나왔습니다. 모시러 왔습니다.
   • 다녀왔습니다.

5) ～ように心掛けています。…도록 유의(주의)하고 있습니다.

- 잊지 않도록 유의하고 있습니다.
- 매일 공부하도록 유의하고 있습니다.
- 최근, 일찍 자고 일찍 일어나도록 주의하고 있습니다.

6) ～様でした。…(하셨)습니다.

- 잘 먹었습니다.
- 신세 많았습니다. (폐를 끼쳤습니다. 수고 많으셨습니다.)
- 변변치 못했습니다.

◆ 비즈니스 정보 「채용정보·장점과 단점」

1) 직업의 종류

   사무 · 관리 : 총무 · 인사 · 경리 · 일반사무 · 비서

   판매 · 서비스 : 판매직원 · 슈퍼바이저(감독, 관리자)

   바이어 · 관광가이드 · 호텔리어

   공항여객서비스 · 비행객실승무원

   전문분야 : 번역 · 통역 · 교원

   그 외 : 프리랜서

2) 고용형태

   정사원 · 계약사원 · 파견사원 · 아르바이트 · 파트타임

3) 기업의 채용조건 : 회사가 원하는 인물상

4) 복리후생 : 건강보험 · 후생연금보험 · 고용보험 · 산재보험 · 근무수당

장점	단점
리더십	고집이 세다
소통 능력	남을 잘 보살핌
협조적	귀가 얇다
유연성	우유부단
조정 능력	나서기 좋아 하는 · 참견하기 좋아하는
행동력	계획성이 없다

적극성	자기주장이 강하다
주체성	독단적
인내력	체념을 잘 못한다 · 미련이 많다
노력가	몰두하기 쉬운 · 쉽게 빠져드는
책임감	쉽게 떠맡다 · 잘 떠맡다
긍정적	낙관적, 태평한
계획성	걱정이 많다
꼼꼼함	신경질적
논리적	이치를 잘 따지는 · 이론만 내세우는

SCENE 2 「첫 출근」

◈ 회화

과장 : 여러분 잠시 집중해 주세요.

오늘부터 판매부에서 함께 일하게 된 한국인씨입니다.

한국인씨 간단하게 자기소개해 주세요.

신입사원 : 네, 여러분 안녕하세요. 이번에 판매부에 배치된 한국인이

라고 합니다. 대학에서는 일본의 비즈니스를 전공했습니다만,

아직 많이 미숙하기 때문에 지금도 공부하고 있습니다.

취미는 사이클과 여행입니다. 혹시 취미가 같으신 분이 계

시다면 말씀해 주세요. 업무에 있어서도 하루라도 빨리 일

을 익힐 수 있도록 노력하겠습니다.

잘 부탁드립니다.

일동 : 잘 부탁합니다.

과장 : 한국인씨는 우선 일주일 정도 일반 사무의 스킬을 익히고 나서

매장에서 일하게 됩니다.

신입사원 : 네, 잘 알겠습니다.

◈ 기본문형

  1) ～ことになる。 …하게 되다.

    • 오늘부터 판매부에서 함께 일하게 되었습니다.

    • 다음 주 일본에 출장가게 되었다.

    • 신형코로나로 인해 이번 달은 재택근무를 하게 되었습니다.

  * ～こととなる。 …하게 되다.

    • 오늘로써 서비스를 종료하게 되었습니다.

    • 이번에 당사는 아래 주소로 이전하게 되었습니다.

    • 본원에서도 온라인 진료를 개시하게 되었습니다.

  2) ～いらっしゃいましたら、 …계시다면

    • 의사선생님 계시면 성함 말씀해 주시고 나와 주세요.

    • 아시는 분 계시면 알려주세요.

    • 하지마님 계시면 계산대로 와주시기 바랍니다.

  3) ～(ら)れるよう(に)、 …(할) 수 있도록,

    • 기대에 부응할 수 있도록 열심히 하겠습니다.

    • 내일, 웃을 수 있도록.

    • 웃는 얼굴로 있을 수 있도록.

◈ 비즈니스 정보 「자기소개 4가지 포인트」

  1) 1분을 기준으로 "짧게", "간결"하게

    지루하게 긴 자기소개는 마이너스 인상을 주게 됩니다.

  2) 과도한 자기 어필은 NG

    자기소개는 어디까지나, "인사"와 "다음 화제의 계기 만들기"입니다.

    자신의 능력이나 지식, 의욕의 어필이 너무 강하지 않도록 주의합니다.

  3) 밝은 표정, 큰 소리로 또렷하게

    밝고 또박또박 이야기하는 것은 기본입니다. 똑바로 상대의 얼굴을 보고 목소리를 앞으로 보내는 이미지로 이야기 합시다.

    작은 목소리나 분명치 않은 목소리는 소극적인 인상을 갖게 합니다.

  4) 다섯 가지 항목을 토대로 말하기

    자기소개에서 말할 내용과 흐름을 확인하세요.

(1) 인사

  (2) 대학 · 학과/직무 경력

  (3) 대학이나 방과 후 활동에서의 배움, 전문분야

  (4) 핀 포인트 PR

  (5) 기업에 대하여 매력적으로 느끼는 점 등

SCENE 3 전화응대

◈ 회화 「연결하기」

 사원 : 전화 주셔서 감사합니다. 한일상사입니다.

 고객 : 늘 신세지고 있습니다. 사지마물산의 아베라고 합니다.

    죄송합니다만 우키타 과장님 계십니까?

 사원 : 사지마물산의 아베님, 늘 신세가 많습니다.

    과장인 우키타라고 하셨죠? 연결해 드리겠습니다.

    잠시만 기다려주세요.

◈ 회화 「부재중」

 사원 : 전화 주셔서 감사합니다. 한일상사입니다.

 고객 : 늘 신세지고 있습니다.

    스가무역회사의 몬사라라고 합니다.

    죄송합니다만 우키타 과장님 계십니까?

 사원 : 스가무역회사의 몬사라님. 늘 신세가 많습니다.

    죄송합니다. 우키타(부장님)는 지금 자리에 없습니다.

    들어오는 대로 저희 쪽에서 전화 드릴까요?

 고객 : 네, 부탁드립니다.

 사원 : 혹시 모르니 전화번호를 부탁드립니다.

 고객 : 네, 03, 300에 1000입니다.

 사원 : 네, 다시 한 번 확인하겠습니다. 03, 300에 1000.

    전달하겠습니다.

 고객 : 잘 부탁드립니다.

 사원 : 감사합니다.

◈ 기본문형

　1) ~でございます。 …입니다.

　　• 저는 오지마라고 합니다.

　　• 보증기간은 6개월입니다.

　　• 이 상품은 3만 엔입니다.

　　• 종이가 있습니다.

　　• 자동차는 없습니다.

　　• 돈이라면 있습니다.

　　• A : 시계 있습니까?

　　　B : 네 있습니다.

　2) お世話になります。 …신세를 지다.

　　• 오늘부터 신세지게 되었습니다, 잘 부탁드립니다.

　　• 저야말로 신세지고 있습니다.

　　• 재직 중에는 신세를 졌습니다. 감사합니다.

　3) ~させていただきます。 …하겠습니다,

　　• 검토하겠습니다.

　　• 스케줄을 확인하겠습니다.

　　• 오늘은 이것으로 마치도록 하겠습니다.

◈ 비즈니스 정보 「호칭」

　1) 직책 호칭

자기 회사	타사·거래처
폐사의 오지마 · 당사의 오지마	오지마 사장님
폐사의 가지마 · 당사의 가지마	가지마 부장님
폐사의 우키타 · 당사의 우키타	우키타 과장님

　2) 회사 · 학교의 호칭

	자신의~	상대의~
회사	폐사 · 당사 · 우리 회사	귀사 · 귀사
학교	본교 · 당교	귀교 · 귀교
대학	본 대학	귀 대학 · 귀 대학

자신 · · · · · · · · · · · · 저
상대 · · · · · · · · · · · · ○○님, ○○씨, 손님
상사 · · · · · · · · · · · · ○○과장님, ○○부장님
동료 · · · · · · · · · · · · ○○씨
＊주의 : 상사(직책명)는 그 자체가 경칭이므로 직책명 뒤에 "님"
은 붙이지 않는다.

Ⅱ 거래처 방문

SCENE 1 「안내데스크」

◈ **회화**

안　내 : 어서 오세요.
방문객 : 저, 실례합니다. 영업부에는 어떻게 가면 되나요?
안　내 : 영업부 말씀이세요? 엘리베이터로 7층으로 가세요.
　　　　엘리베이터에서 내려서 우측 전방으로 가면 영업부 접수
　　　　처가 보입니다.
방문객 : 7층입니까. 엘리베이터에서 내려서 우측 전방.
안　내 : 네, 그렇습니다.
방문객 : 감사합니다. 아, 그리고 화장실은 어디입니까?
안　내 : 화장실은 이 복도를 쭉 가면 막다른 곳에 있어요.
방문객 : 이 복도를 쭉 가면 막다른 곳.
　　　　친절히 알려주셔서 감사합니다.
안　내 : 감사합니다.

◈ **기본문형**

1) ～行ったら、…가면

• 어디로 가면 좋겠습니까?

- 무엇을 가져가야 합니까?
- 회사에 가면 알 수 있어요.

2) ~進むと、…가면, 나아가면, 진행하면
   - 왼쪽으로 가시면 프런트가 있습니다.
   - 더 이상 나아가면 되돌릴 수 없어.
   - 앞으로 이 건은 어떻게 진행될 것 같습니까?

◈ 비즈니스 정보 「접객 8대 용어」
   1) 어서 오세요.
      손님에게 처음 말을 걸 때 하는 말이며 상대를 환영한다는 것을 전하는 용어
   2) 감사합니다.
      "방문해 주셔서 감사합니다." 등 고객의 행동에 대해서도 사용하는 일이 있으므로 자연스럽게 입에서 나올 수 있도록 연습해 둡시다. 돌아가시는 고객에 대해서는, "감사합니다."라고 전하고 진심을 담아 인사를 합시다.
   3) 감사합니다. 송구합니다.
      "감사하다"는 의미를 전달하는 패턴과 아쉬움을 전달하는 두 가지 경우가 있습니다.
      고객에게 뭔가 부탁을 할 때에도 사용되는 용어
   4) 잘 알겠습니다.
      고객의 요구(사항)를 받았을 때, 승낙(동의, 양해)한 것을 전하는 말. 접객 시에는 "알겠습니다."나 "납득합니다."와 같은 가벼운 어조는 피하고, "잘 알겠습니다."를 사용하는 것을 의식합시다.
   5) 대단히 죄송합니다.
      고객에게 폐를 끼쳤을 경우 반드시 사용해야 할 용어
      접객 시의 사죄에는, "미안해요"나 "미안합니다."는 부적절합니다. 분명하게 "죄송합니다."라고 소리를 내어, 정중히 사과하도록 합시다.

6) 잠시 기다려 주십시오.
   접객 중에 자리를 떠날 필요가 있거나 상대가 뭔가를 부탁하거
   나 할 때 사용되는 용어
7) 오래 기다리셨습니다.
   고객을 기다리게 한 후의 말이므로, 미소 띤 얼굴로 인사하는
   것이 포인트
   오래 기다리게 한 결과가 되었을 경우에는, "오래 기다리셨습니
   다."라고, 사과의 의미를 담는 것도 필요합니다.
8) 실례합니다.
   고객에게 말을 걸거나 행동을 차단할 때 사용됩니다.
   필요 이상으로 사과(송구스러워)하지 않아도 됩니다.

SCENE 2 「첫 대면」

◆ 회화 「접수처에서」
   접수처 : 어서 오세요.
   방문객 : 안녕하세요. 한일상사 판매부의 한국인이라고 합니다.
           영업부 분과 오늘 2시에 약속이 있어 왔습니다.
   접수처 : 네, 한일상사 판매부의 한국인씨.
           잠시만 기다려 주십시오.
           ・ ・ ・ ・ ・ ・ ・ ・ ・
           오래 기다리셨습니다. 이쪽으로 오세요.

◆ 회화 「응접실에서」
   거래처 : 처음 뵙겠습니다.
           저는 가이소물산 영업부의 오지마라고 합니다.(명함 전달)
   방문객 : 영업부의 오지마 과장님. 처음 뵙겠습니다.
           한일상사 판매부의 한국인이라고 합니다.
           항상 신세지고 있습니다.(명함 전달)
   거래처 : 한일상사 판매부의 한국인씨. 저야말로 신세지고 있습니다.
           앞으로 귀사를 담당하겠습니다. 아무쪼록 잘 부탁드립니다.

방문객 : 저야말로 잘 부탁드립니다.
　　　　저는 오늘 신제품 협의차 왔습니다.
거래처 : 그렇습니까. 회의실로 안내해 드리겠습니다.
　　　　이쪽으로 오세요.
방문객 : 네, 감사합니다.

◈ **기본문형**

1) ~打ち合わせ …협의, 미리 상의함, 미팅

　• 오늘 미팅은 여기까지만 하죠.
　• 미팅 예약 아직 늦지 않았습니다.
　• 협의의 진행 방법을 설명해 갈 것입니다.

2) ~ご案内いたします。…안내해 드리겠습니다.

　• 잠시 후 회의 시간과 회의장을 안내해 드리겠습니다.
　• 출구까지 안내해 드릴 테니 여기서 잠시만 기다려 주세요.
　• 지금부터 회의장으로 안내하겠습니다.

◈ 비즈니스 정보 「규칙적인 경어표현」

정중어	존경어	겸양어
말합니다	말씀하십니다	말씀드립니다
읽습니다	읽으십니다	읽습니다
기다립니다	기다리십니다	기다립니다
방문합니다	방문하십니다	방문합니다
연락합니다	연락하십니다	연락합니다
안내합니다	안내하십니다	안내합니다

SCENE 3 「제품 소개」

◈ 회화

　방문객 : 이번에 당사에서는 신제품을 발매하게 되었습니다. 자세한
　　　　　것은 이쪽을 봐 주세요. 그래서 우선 여러분들께 신제품에
　　　　　대한 의견을 듣고 싶습니다만.

　거래처 : 신제품의 특징은 무엇입니까?

　방문객 : 네, 이번 신제품의 특징은 가볍다는 것입니다.

　거래처 : 과연. 소재는 무엇입니까?

　방문객 : 신소재를 채택하여 신축성과 통기성이 뛰어납니다.
　　　　　여기 샘플입니다.

　거래처 : 그렇군요. 촉감도 좋고 쾌적해서 좋아요.
　　　　　하지만 디자인을 바꿀 필요가 있겠네요.
　　　　　디자인에 미래적인 이미지를 주는 것이 좋을 것 같은데요.

　방문객 : 네, 귀중한 의견, 대단히 감사합니다.
　　　　　참고로 하겠습니다.

◈ 기본문형

　1) ～お伺いしたいのです。 …여쭤보고 싶습니다.

　　• 찾아뵙고 싶은데 시간은 괜찮으신가요?
　　• 3시에 찾아뵙고 싶습니다만, 시간 괜찮으십니까?
　　• 일정을 여쭤보고 싶습니다만, 괜찮으십니까?

　2) ～ということです。 …(는) 것입니다.

　　• 눈여겨보고 있다는 것입니다.
　　• 조금씩 그렇게 되었다는 거군요.
　　• 무슨 일이든 경험이 필요하다는 것입니다.

◈ 비즈니스 정보 「업무상 말씨의 기본」

  1) 의뢰할 때
- 죄송합니다만, 성함이 어떻게 되십니까?
- 수고스럽겠지만 잘 부탁드립니다.
- 부탁드려도 될까요?

  2) 동의할 때
- 네, 잘 알겠습니다.
- 잘 알겠습니다.

  3) 거절할 때
- 거절하겠습니다.
- 사양하겠습니다.

  4) 사죄할 때
- 대단히 죄송합니다.
- 실례했습니다.
- 폐를 끼쳤습니다.

  5) 감사의 말을 할 때
- 감사합니다.
- 감사합니다. 송구스럽습니다.

  6) 배웅할 때
- 조심히 들어가세요.
- 또 오십시오.
- 앞으로도 부디 들러 주십시오.

매장에서

SCENE 1 「상품 문의」

◆ 회화 「상품이 있을 때」

　　직원 : 어서 오세요. 찾으시는 물건 있으세요?
　　고객 : 그 선물 세트 좀 보여 주시겠어요?
　　직원 : 이거 말씀이세요?
　　고객 : 네, 그것입니다.
　　직원 : 네, 보세요.

◆ 회화 「상품이 없을 때」

　　직원 : 어서 오세요. 찾으시는 물건 있으세요?
　　고객 : 이니스프리 미네랄 파우더 있어요?
　　직원 : 죄송합니다. 이니스프리 미네랄 파우더는 지금 품절입니다.
　　　　　주문해드릴까요?
　　고객 : 그래요? 오늘밖에 시간이 없어서 (주문은) 괜찮습니다.
　　직원 : 그러세요? 도움을 드리지 못해 죄송합니다.

◆ 기본문형

　　1) ～見せてもらえますか。 …보여 주실 수 있나요?

　　　• 메뉴판 좀 보여 주시겠어요?
　　　• 괜찮으시다면 보여 주시겠어요?
　　　• 샘플을 보여 주시겠어요?

　　2) ～よろしいでしょうか。 …괜찮겠습니까? (도) 되겠습니까?

　　　• 시간 좀 내 주시겠어요. (제가 시간 좀 써도 되겠습니까?)
　　　• 성함을 여쭤 봐도 될까요?
　　　• 이 자료로 되겠습니까? (이 자료 말씀이세요?)

3) ~切らしております。 …다 떨어졌습니다.

- 지금 재고가 다 떨어졌습니다.
- 천 엔짜리 지폐가 떨어졌습니다.
- 공교롭게도 명함이 다 떨어져서 나중에 전해드리겠습니다.

4) ~申し訳ございません。 …대단히 죄송합니다.

- 불편을 드려 정말 죄송합니다.
- 번거롭게 해서 죄송합니다.
- 지각해서 죄송합니다.

SCENE 2 「지불 방법」

◈ 회화

직원 : 어서 오세요. 찾으시는 물건 있으세요?

고객 : 숄더백을 사고 싶어요.

직원 : 손님이 직접 쓰시겠어요?

고객 : 네, 그렇습니다.

직원 : 이 미니백은 어떠세요? 올해 유행하는 스타일입니다.

고객 : 귀엽네요. 색깔은 무슨 색이 있습니까?

직원 : 블랙, 브라운, 레드, 감색 등이 있습니다.

고객 : 블랙이 더 좋겠어요. 재질은 무엇입니까?

직원 : 이 가방은 소가죽이라서 아주 튼튼합니다.

고객 : 그렇군요. 그럼, 그걸로 부탁합니다. 얼마입니까?

직원 : 감사합니다. 12,000엔입니다. 어떻게 지불하시겠어요?

고객 : 아, 카드로.

직원 : 할부로 하시겠습니까? 3개월까지는 무이자입니다만.

고객 : 아니요, 일시불로 해 주세요.

직원 : 알겠습니다. 잠깐만 기다려 주십시오.

　　　　· · · · · · · · ·

　　　　오래 기다리셨습니다. 카드를 돌려드립니다.

　　　　금액 확인 후 사인 부탁드립니다.

고객 : 네, 맞네요. 고마워요.

직원 : 이것은 영수증과 상품입니다. 감사합니다. 또 오세요.

◈ **기본문형**

1) ～どうなさいますか。 …어떻게 하시겠습니까?

- 음료는 어떻게 하시겠습니까?
- 이후에 어떻게 하시겠습니까?
- 포장은 어떻게 해드릴까요?

2) ～ご<ruby>確認<rp>(</rp><rt>かくにん</rt><rp>)</rp></ruby>の<ruby>上<rp>(</rp><rt>うえ</rt><rp>)</rp></ruby> …확인하신 후

- 유통기간을 확인하신 후 주문해 주십시오.
- 계약 내용을 잘 확인하시고 서명해 주십시오.
- 물건의 내용과 수량을 확인 후 사인 부탁드립니다.

3) ～お<ruby>越<rp>(</rp><rt>こ</rt><rp>)</rp></ruby>し<ruby>下<rp>(</rp><rt>くだ</rt><rp>)</rp></ruby>さい(ませ)。 …오세요.

- 타임세일을 실시하오니 꼭 저희 상점을 방문해 주시기 바랍니다.
- 오늘 바쁘신데 와주셔서 감사합니다.
- 조심해서 오세요.

◈ **비즈니스 정보 「회화의 기본」**

1) 알아듣기 쉽게

정확한 발음, 적당한 속도로 말한다.

2) 알기 쉽게

상대방이 이해할 수 있는 말로, 전문용어나 줄임말(신조어) 등은 삼가야 한다.

3) 상대방의 반응에 맞추기

이해의 정도를 확인하고 질문이나 내용을 반복한다.

4) 온화한 표정

말투와 조화를 이룬 표정

5) 바른 말씨

적절한 경어 겸양어를 사용한다.

동료들끼리 통하는 말(신조어, 은어 등)이나 유행어는 피한다.

6) 호감이 가는 태도
   단정함, 상쾌함
7) 본심으로 말하기
   사실·본심을 있는 그대로. 각색·작위는 하지 않는다.
8) 다양한 화제
   내용에 충실한 화제. 자랑은 하지 말 것.

SCENE 3 「면세 절차」

◆ 회화
   직원 : 어서 오세요.
   고객 : 면세를 부탁하고 싶어요.
   직원 : 네, 구입한 상품과 영수증, 그리고 고객님의 여권을 제시하
       셔야 합니다.
   고객 : 네, 상품과 영수증, 여권입니다.
   직원 : 네, 잠시만 기다려 주세요.
       · · · · · · · · ·
   직원 : 대단히 오래 기다리셨습니다. 합계가 16,200엔이므로, 소비
       세 1,620엔을 현금으로 돌려드리겠습니다.
   고객 : 네, 고마워요.
   직원 : 여기에 사인 부탁드립니다.
   고객 : 알겠습니다.
       네, 여기요.
   직원 : 네, 여기 1,620엔과 여권, 구매하신 상품입니다.
       여권에 부착된 종이는 출국 시 세관에 전달하셔야 합니다.
   고객 : 네, 알겠습니다. 감사합니다.
   직원 : 대단히 감사합니다.

◈ **기본문형**

1) ~提示が必要です。…제시가 필요합니다.

- 구입 시 운전면허증 제시가 필요합니다.
- 아동수당 등의 절차에 마이 넘버(개인번호) 제시가 필요합니다.
- 체크인 시 신분증을 제시가 필요합니다.

2) ~お渡しください。…주세요. 건네주세요.

- 여기 데이터를 건네주세요.
- 이것을 프런트로 보내주세요.
- 이 서류를 입국심사관에게 전달해 주세요.

◈ **비즈니스 정보 「면세점」**

1) 「보호면세점」은 공항에서 많이 볼 수 있습니다.
이에 비해 백화점이나 상가에 걸린 면세점이라는 표기는 모두 'TAX FREE SHOP'이라고 쓰여 있습니다. 「DUTY FREE」는, 외국 제품을 일본에 수입할 때에 부과되는 관세를 면제하는 것을 가리킵니다. 따라서 담배세, 주세, 관세 등의 세금도 여기에 포함되게 됩니다.

2) 「소비세면세점」은 일본 국내에서 소비되는 것에 부과되는 세금을 면제하는 것을 말합니다. 즉, 일본 국내에서 소비하지 않고 국외로 가져갈 수 있는 것 모두가 면세 대상입니다.

Ⅳ 호텔 프런트에서

SCENE 1 「숙박예약」

◆ 회화

프런트 : 전화 주셔서 감사합니다. 국제 호텔입니다.

고　객 : 안녕하세요, 숙박 예약을 하고 싶은데요.

프런트 : 잘 알았습니다. 손님의 성함과 인원과 일정을 알려주세요.

고　객 : 네, 제 이름은 한국인입니다. 인원은 2명이며, 10월 16일
부터 3박입니다.

프런트 : 네, 2분이시고, 10월 16일부터 3박. 원하시는 객실 타입
이 있으십니까?

고　객 : 트윈룸으로 부탁합니다.

프런트 : 잘 알겠습니다. 확인해 보겠습니다.
잠시만 기다려 주십시오.
오래 기다리셨습니다. 트윈룸 1실 준비됩니다.

고　객 : 숙박료는 얼마입니까?

프런트 : 트윈룸 1박, 2인 1실 요금은 세금 및 서비스 요금을 포함
하여 15,000엔입니다.

고　객 : 네, (예약)부탁합니다.

프런트 : 감사합니다. 한국인님, 연락처를 가르쳐 주시겠습니까?

고　객 : 네, 핸드폰 번호 080-1234-5678입니다.

프런트 : 네, 핸드폰 번호 080-1234-5678. 감사합니다. 조식이 포
함된 플랜도 있습니다만, 어떻게 하시겠습니까?

고　객 : 숙박만 하겠습니다. 참고로 아침식사는 얼마입니까?

프런트 : 조식은 1인당 2,500엔입니다. 만약 원하신다면 체크인 시
플랜을 조식 포함으로 변경하실 수 있습니다.

고　객 : 알겠습니다. 그리고 금연실로 부탁드립니다.

프런트 : 잘 알겠습니다. 준비해드리겠습니다.

고　객 : 고마워요.
프런트 : 그럼, 당일 기다리고 있겠습니다.

◆ **기본문형**

1) いかがなさいますか？ …어떻게 하시겠습니까?

　　• 스테이크 굽기 정도는 어떻게 하시겠습니까?
　　• 주문은 어떻게 하시겠어요?
　　• 고객님 코스는 어떻게 해드릴까요?

2) お待ちしております。…기다리고 있겠습니다.

　　• 연락 기다리겠습니다.
　　• 방문 기다리고 있겠습니다.
　　• 답장 기다리겠습니다.

◆ **비즈니스 정보 「호텔의 직종과 업무 내용」**

• 숙박부문

1) 프런트
　　주로 호텔의 근간이라 할 수 있는 객실 판매와 투숙객의 접대를 담당합니다. 프런트에서는 크게 나누어 이하의 4개의 업무를 실시합니다.
　　(1) 고객님의 체크인, 체크아웃 절차
　　(2) 숙박예약
　　(3) 정보제공(고객대응)
　　(4) 회계

2) 벨 어텐던트(벨 맨)
　　고객님의 짐 운반이 주된 역할입니다.

3) 도어 어텐던트(도어맨)
　　고객을 안전하고 원활하게 관내로 안내하는 역할입니다.

4) 콩셰르주(접객 책임자)
　　고객의 모든 요청에 최대한 희망을 이루는 것이 접객 책임자의 일입니다.

5) 하우스키핑(객실관리)

객실 청소 및 관리를 담당합니다.

- 음료부문

호텔 내 레스토랑 접객 및 객실 내 식사를 즐길 수 있는 룸서비스를 담당합니다.

1) 리셉셔니스트

식당 입구에서 예약 접수 및 안내, 계산을 합니다.

2) 웨이터/웨이트리스

3) 룸서비스

4) 바텐더

- 연회부문

연회나 결혼식 등의 서비스와 예약 준비를 담당합니다.

1) 연회예약

2) 연회서비스

3) 클로크(물품 보관소)

고객님의 수하물이나 코트를 일시적으로 보관하는 일입니다.

- 관리 · 영업부문

인사, 총무, 경리 등 뒤에서 지원하는 관리부문과 연회나 숙박판매, 광고 활동 등을 하는 영업부문으로 나누어져 있습니다.

1) 홍보

2) 시설관리

3) 인사

4) 세일즈

5) 기획

- 조리부문

호텔 내 레스토랑 조리장에서 고객에게 제공하는 음식을 만듭니다.

1) 셰프, 주방장

2) 정육점(부처, Butcher)

호텔에서 제공하는 고기 요리의 내용에 맞춰 사전 처리 및 커트를 합니다.

3) 베이커리
   고객에게 제공하는 수제 빵을 만듭니다.
4) 페이스트리
   고객에게 제공하는 디저트류를 만들겠습니다.
5) 가트맨저
   고객에게 제공하는 냉요리를 만듭니다.

SCENE 2 「체크인」

◆ 회화
   프런트 : 어서 오세요.
   고　객 : 안녕하세요. 체크인 부탁드립니다.
   프런트 : 안녕하세요. 예약자분 성함을 알려주시겠습니까?
   고　객 : 네, 한국인입니다.
   프런트 : 한국인님 오늘부터 3박 트윈룸 금연실 맞으신가요?
   고　객 : 네, 맞습니다.
   프런트 : 여권을 확인하게 해주세요.
   고　객 : 네, 여기 있습니다.
   프런트 : 여기 숙박카드 작성 부탁드립니다.
   고　객 : 네.
   프런트 : 여기 열쇠입니다. 고객님 방은 1723호입니다.
   고　객 : 네, 고맙습니다.
   프런트 : 벨맨이 방으로 안내해 드리겠습니다.
   　　　　 짐은 방으로 가져다드리겠습니다.
   고　객 : 네, 고마워요.
   프런트 : 편한 시간 되세요.

◆ 기본문형
   1) ～いただけますか? …～주실 수 있나요? 주시겠습니까?
   • 열쇠를 돌려주시겠어요?
   • 지도해주실 수 있나요?
   • 문의해주실 수 있나요?

2) ごゆっくり｡…편하게 여유롭게 ~하세요. 라고 말할 때 사용
- 편히 쉬세요.
- 편안한 시간 보내세요.
- 천천히(편히) 즐기시기 바랍니다.

◈ 비즈니스 정보 「중요 경어표현」

정중어	존경어	겸양어
있습니다	계십니다	있습니다
갑니다	가십니다	갑니다
옵니다	오십니다	옵니다
있습니다	있으십니다	있습니다
말합니다	말씀하십니다	(저는＊＊라고) 합니다 (의견을) 말씀드립니다
봅니다	보십니다	배견합니다
먹습니다 마십니다	드십니다	먹습니다
알고 있습니다	알고 계십니까	알고 있습니다
생각합니다	생각하십니다	생각합니다
합니다	하십니다	합니다
만납니다	만나십니다	만나뵙니다 뵙겠습니다
갖습니다 듭니다	가지십니다 드십니다	갖습니다 듭니다
듣습니다 묻습니다	들으십니다 물으십니다	듣습니다 묻습니다
살고 있습니다	살고 계십니다	살고 있습니다
~입니다	~계십니다	~입니다
~하고 있습니다	~하고 계십니다	~하고 있습니다
줍니다	주십니다	
입습니다	입으십니다	
잡니다	주무십니다	
줍니다		드립니다
받습니다		받습니다(먹겠습니다)
방문합니다		찾아뵙습니다

SCENE 3 「체크아웃」

◆ **회화**

프런트 : 안녕하세요.

고 객 : 안녕하세요. 체크아웃 부탁합니다.

프런트 : 알겠습니다. 키를 반납해 주시겠습니까?

고 객 : 네, 여기 있어요.

프런트 : 1723호실의 한국인님이시죠.

고 객 : 네, 그렇습니다.

프런트 : 숙박료와 룸서비스 요금, 합쳐서 총 52,000엔입니다.
　　　　결제는 어떻게 하시겠습니까?

고 객 : 네, 카드로.

프런트 : 카드를 받았습니다. 잠시만 기다려주세요.
　　　　.....오래 기다리셨습니다. 카드를 돌려드립니다.
　　　　금액을 확인하시고 사인을 부탁드립니다.

고 객 : 네, 맞아요. 고마워요. 잠시 짐 좀 맡아 주시겠어요?

프런트 : 네 가능합니다. 여기 교환권을 가지고 계세요.

고 객 : 네, 고마워요. 그리고 공항행 셔틀버스를 이용할 수 있습니까?

프런트 : 네 가능합니다. 저희 호텔에서 공항행 버스가 무료로 한 시간에 한 편 운행되고 있는데 이용하시겠습니까?

고 객 : 네, 부탁해요. 시간표 있습니까?

프런트 : 여기 있습니다. 출발 시각 5분 전에는 오시기 바랍니다.

고 객 : 네, 알겠습니다. 고마워요.

◆ **기본문형**

1) お預かりいたします。…받았습니다. 맡아 드리겠습니다.

• 짐은 이쪽에서 보관해 드리겠습니다.

• 1만엔 받았습니다. 거스름돈 2천엔 돌려드리겠습니다.

• 문자 남겨드리겠습니다.

2) ～されますか？…하시겠습니까?
- 연락하시겠어요?
- 운전하시겠어요?
- 설명해드릴까요?

◆ 비즈니스 정보 「호텔근무의 필수 스킬」
1. 호스피탈리티
   '호스피탈리티'란 '기본매너', '배려', '마음 씀씀이'로부터 된다.
2. 의사소통 능력
3. 어학력
4. 관찰력
5. 체력
6. 순발력
7. 임기응변에 대응할 수 있는 힘
8. 타임 매니지먼트 스킬
   호텔은 24시간 가동되고 있기 때문에, 몇 시까지 어떤 업무를
   완수할지 「타임 매니지먼트 스킬」도 필요
9. 프레젠테이션 능력
   고객에게 상품의 매력을 잘 전달할 수 있는 스킬
10. 제안력
    대안을 마련할 것

② 실력체크 정답

 Ⅰ 入社(にゅうしゃ)・事務室(じむしつ)で

SCENE 1「採用面接(さいようめんせつ)」

1. (1) 入社(にゅうしゃ)　　(2) 面接(めんせつ)　　(3) 専攻(せんこう)

   (4) 仕事(しごと)　　(5) 販売(はんばい)　　(6) 志望(しぼう)

2. (1) 간단하게 본인 PR을 해 주세요.

   (2) 당신의 장점과 단점은 무엇입니까?

   (3) 지원한 동기는 뭔가요?

   (4) 수고 많았습니다.

   (5) 주의(조심)해 주세요.

3. (1) 初(はじ)めまして、***と申(もう)します。

   (2) お知(し)らせいたします。

   (3) お迎(むか)えに参(まい)りました。

   (4) 忘(わす)れないように心掛(こころが)けています。

   (5) お世話様(せわさま)でした。

SCENE 2 「初出勤^{はつしゅっきん}」

1. (1) 課長^{かちょう}　　　　(2) 出勤^{しゅっきん}　　　　(3) 売^うり場^ば

   (4) 一般事務^{いっぱんじむ}　　(5) 趣味^{しゅみ}　　　　(6) 担当^{たんとう}

2. (1) 간단하게 자기소개해 주세요.

   (2) 판매부에 배치된 한국인이라고 합니다.

   (3) 취미가 같으신 분이 계시다면 말씀해 주세요.

   (4) 업무에 있어서도 하루라도 빨리 일을 익힐 수 있도록 노력
   하겠습니다.

   (5) 일반 사무의 스킬을 익히고 나서 매장에서 일하게 됩니다.

3. (1) 今日^{きょう}から販売部^{はんばいぶ}で一緒^{いっしょ}に働^{はたら}くことになりました。

   (2) ご存知^{ぞんじ}の方^{かた}がいらっしゃいましたら教^{おし}えてください。

   (3) 期待^{きたい}に応^{こた}えられるよう頑張^{がんば}ります。

   (4) このたび弊社^{へいしゃ}は下記住所^{かきじゅしょ}へ移転^{いてん}することとなりました。

   (5) 笑顔^{えがお}でいられるように。

SCENE 3 「電話応対^{でんわおうたい}」

1. (1) 取^とり次^つぐ　　　(2) 留守^{るす}　　　　(3) 呼称^{こしょう}

   (4) 役職名^{やくしょくめい}　　(5) 電話応対^{でんわおうたい}　(6) 商事^{しょうじ}

2. (1) 항상 신세지고 있습니다.

   (2) 자리에 없습니다.

   (3) 연결해 드리겠습니다. 잠시만 기다려주세요.

   (4) 들어오는 대로 저희 쪽에서 전화 드릴까요?

   (5) 확인하겠습니다.

3. (1) こちらこそお世話になります。
   (2) 保証期間は六ヶ月でございます。
   (3) 本日はこれで終了させていただきます。
   (4) 検討させていただきます。
   (5) お伝えしておきます。

Ⅱ 取引先訪問

SCENE 1「案内デスク」

1. (1) 営業部　　(2) お手洗い　(3) 廊下
   (4) 突き当たり　(5) 接客　　(6) 頼み事

2. (1) 영업부는 어떻게 가면 되나요?
   (2) 엘리베이터에서 내려서 우측 전방으로 가면 영업부 접수처가 보입니다.
   (3) 화장실은 이 복도를 쭉 가면 막다른 곳에 있어요.
   (4) 무엇을 가져가야 합니까?
   (5) 더 이상 나아가면 되돌릴 수 없어.

3. (1) いらっしゃいませ。
   (2) 失礼致します。
   (3) お待たせ致しました。
   (4) 申し訳ございません。
   (5) 恐れ入ります。

SCENE 2 「初対面(しょたいめん)」

1. (1) 取引先(とりひきさき)　　(2) 受付(うけつけ)　　(3) 名刺(めいし)
   (4) 担当(たんとう)　　(5) 打(う)ち合(あ)わせ　(6) 会議室(かいぎしつ)

2. (1) 방문하십니다.
   (2) 잠시만 기다려 주십시오.
   (3) 오래 기다리셨습니다. 이쪽으로 오세요.
   (4) 출구까지 안내해 드릴 테니 여기서 잠시만 기다려 주시기
      바랍니다.
   (5) 연락드립니다.

3. (1) 本日(ほんじつ)2時(じ)のお約束(やくそく)で参(まい)りました。
   (2) 今日(きょう)の打(う)ち合(あ)わせはここまでにしましょう。
   (3) それでは、只今(ただいま)より会場(かいじょう)へご案内(あんない)いたします。
   (4) 今後(こんご)、御社(おんしゃ)を担当(たんとう)させていただきます。
   (5) 打(う)ち合(あ)わせの予約(よやく)、まだ間(ま)に合(あ)います。

SCENE 3 「製品紹介(せいひんしょうかい)」

1. (1) 見本(みほん)　　(2) 素材(そざい)　　(3) 伸縮性(しんしゅくせい)
   (4) 通気性(つうきせい)　　(5) 肌触(はだざわ)り　　(6) 都合(つごう)

2. (1) 의견을 묻고 싶습니다만.
   (2) 이번 신제품의 특징은 가볍다는 것입니다.
   (3) 촉감도 좋고 쾌적해서 좋아요.
   (4) 귀중한 의견, 대단히 감사합니다.
   (5) 찾아뵙고 싶은데 시간은 괜찮으신가요?

3. (1) お手数(てすう)ですがよろしくお願(ねが)いいたします。
   (2) お断(ことわ)り申(もう)しあげます。

(3) ご迷惑をおかけいたしました。

(4) お気をつけてお帰りください。

(5) またどうぞお越し下さいませ。

Ⅲ 売り場で

SCENE 1 「商品のお問い合わせ」

1. (1) 問い合わせ　　(2) お土産　　(3) 取り寄せる
   (4) 役に立つ　　(5) 資料　　(6) 在庫

2. (1) 찾으시는 물건 있으세요?
   (2) 지금 품절입니다.
   (3) 주문해드릴까요?
   (4) 도움을 드리지 못해 죄송합니다.
   (5) 불편을 드려 정말 죄송합니다.

3. (1) お手数をお掛けして申し訳ございません。
   (2) 千円札を切らしております。
   (3) お時間いただいてもよろしいでしょうか。
   (4) よろしければ見せてもらえますか。
   (5) 遅刻してしまい、申し訳ございません。

SCENE 2 「支払い方法」

1. (1) 分割払い　　　(2) 支払う　　　(3) 流行

   (4) 材質　　　(5) 領収書, レシート

   (6) 一括払い

2. (1) 직접 쓰시겠어요?

   (2) 이 가방은 소가죽이라서 아주 튼튼합니다.

   (3) 어떻게 지불하시겠어요?

   (4) 할부로 하시겠습니까? 3개월까지는 무이자입니다만.

   (5) 포장은 어떻게 해드릴까요?

3. (1) こちらのミニバッグはいかがですか。

   (2) 一括払いにしてください。

   (3) 賞味期間をご確認の上、ご注文下さい。

   (4) お飲み物はどうなさいますか?

   (5) 本日はお忙しい中、お越しくださいましてありがとうございます。

SCENE 3 「免税手続き」

1. (1) 免税　　　(2) 領収書　　　(3) パスポート

   (4) 消費税　　　(5) 出国　　　(6) 税関

2. (1) 면세를 부탁하고 싶습니다만.

   (2) 구입한 상품과 영수증, 그리고 고객님의 여권을 제시하셔야
   합니다.

   (3) 소비세 1,620엔을 현금으로 돌려드리겠습니다.

   (4) 여기에 사인 부탁드립니다.

   (5) 여권에 부착된 종이는 출국 시 세관에 전달하셔야 합니다.

3. (1) 商品と領収書、パスポートです。

(2) 大変、お待たせしました。

(3) 購入時に運転免許証の提示が必要です。

(4) こちらをフロントまでお渡しください。

(5) チェックイン時に身分証明書の提示が必要です。

Ⅳ ホテルフロントで

SCENE 1 「宿泊予約」

1. (1) 宿泊   (2) 予約

(3) 電話   (4) 名前

(5) 人数   (6) 日程

2. (1) 손님의 성함과 인원과 일정을 알려주세요.

(2) 원하시는 객실타입이 있으십니까?

(3) 트윈룸 1실 준비됩니다.

(4) 연락처를 가르쳐 주시겠습니까?

(5) 조식이 포함된 플랜도 있습니다만, 어떻게 하시겠습니까?

3. (1) ツインルームをお願いします。

(2) 朝食付きに変更されることも可能です。

(3) では、当日お待ちしております。

(4) 注文はいかがなさいますか?

(5) ご連絡お待ちしております。

SCENE 2 「チェックイン」

1. (1) 禁煙室 (2) 記入

   (3) 鍵 (4) 荷物

   (5) 指導 (6) 問い合わ

2. (1) 천천히(편히) 즐기시기 바랍니다.
   (2) 지도해주실 수 있나요?
   (3) 짐은 방으로 가져다드리겠습니다.
   (4) 여기 숙박카드 작성 부탁드립니다.
   (5) 예약자분 성함을 알려주시겠습니까?

3. (1) チェックイン、お願いします。

   (2) 鍵をお返しいただけますか?

   (3) お問い合わせいただけますか?

   (4) ごゆっくりお過ごしください。

   (5) パスポートを確認させてください。

SCENE 3 「チェックアウト」

1. (1) 金額 (2) 引換券

   (3) 空港 (4) 無料

   (5) 連絡 (6) 運転

2. (1) 1만엔 받았습니다. 거스름돈 2천엔 돌려드리겠습니다.
   (2) 출발 시각 5분 전에는 오시기 바랍니다.
   (3) 잠시 짐 좀 맡아 주시겠어요?
   (4) 금액을 확인하시고 사인을 부탁드립니다.
   (5) 저희 호텔에서 공항행 버스가 무료로 한 시간에 한 편 운

   행되고 있는데 이용하시겠습니까?

3. (1) 説明_{せつめい}されますか?

(2) お荷物_{にもつ}はこちらでお預_{あず}かりいたします。

(3) こちら、引換券_{ひきかえけん}をお持_もちください。

(4) メッセージをお預_{あず}かりいたします。

(5) カードをお預_{あず}かりいたします。

저자약력

吳皇禪(오황선)

일본 메이지대학교(明治大学) 일본문학과 졸업
동 대학 대학원 일본문학과 박사과정 수료
현) 명지전문대학 어문교육학부 일본어과 교수

〈저서〉
Speaking 초급 일본어(다락원) 외 다수

상황별 비즈니스 일본어 회화

2021년 3월 2일 초 판 1쇄 발행
2024년 1월 10일 제2판 1쇄 발행

지은이 오황선
펴낸이 진욱상
펴낸곳 (주)백산출판사
교 정 박시내
본문디자인 오행복
표지디자인 오정은

저자와의
합의하에
인지첩부
생략

등 록 2017년 5월 29일 제406-2017-000058호
주 소 경기도 파주시 회동길 370(백산빌딩 3층)
전 화 02-914-1621(代)
팩 스 031-955-9911
이메일 edit@ibaeksan.kr
홈페이지 www.ibaeksan.kr

ISBN 979-11-6567-737-4 93730
값 15,000원